LOS DOCUMENTOS I
ARQUIDIÓCESIS DE LOS ANGELES 2003

NOS REUNIÓ Y NOS ENVÍA

Cardenal Rogelio Mahony
y el
Pueblo de Dios de la Arquidiócesis de Los Ángeles

Solemnidad de Nuestra Señora de los Ángeles
4 de septiembre del 2003

LTP
LITURGY
TRAINING
PUBLICATIONS

Reconocimientos

Esta traducción al español de *Nos Reunió y Nos Envía: Los Documentos del Sínodo de la Arquidiócesis de Los Ángeles 2003* © 2003 Arquidiócesis de Los Ángeles. Todos los derechos reservados.

Nos Reunió y Nos Envía: Los Documentos del Sínodo de la Arquidiócesis de Los Ángeles 2003 © 2003 Arquidiócesis de Chicago: Liturgy Training Publications, 1800 North Hermitage Avenue, Chicago IL 60622-1101; 1-800-933-1800, fax 1-800-933-7094, e-mail orders@ltp.org. Todos los derechos reservados. Visite nuestra página digital: www.ltp.org.

Este libro fue editado por Kris Fankhouser, con la asistencia del Dr. Michael Downey, Teólogo del Cardenal, Arquidiócesis de Los Ángeles; Ellie Hidalgo, *The Tidings;* Eileen Bonaduce, Coordinadora Ejecutiva del Cardenal; Ana Aguilera, Región Pastoral de Nuestra Señora de los Ángeles; y Eileen O'Brien, Centro Católico Arquidiocesano. El diseño es de Lucy Smith, y Kari Nicholls estuvo a cargo de la tipografía.

Arte de portada: CELEBRATION © 1997 por John August Swanson, Serigraph 22¹/2" por 30¹/2", www.JohnAugustSwanson.com. El artista angelino John August Swanson es conocido por la fineza de sus detalles, el brillo colorido de sus obras e impresiones originales. Parte de sus obras se encuentran en el Museo Nacional de Historia (Smithsonian Institution), la Galería Tate de Londres, la Colección de Arte Religioso Contemporáneo en el Museo del Vaticano y la Biblioteca Nacional de París.

La fotografía de la página iv © 2003 Victor Alemán/2 Mun-Dos Communications. Con los debidos permisos. La fotografía de la página 21 es de RECongress/Chris Krause. Las fotografías de las páginas 25, 29 y 33 son de la Hermana Nancy Munro, csj. Las fotografías de las páginas 37 y 41 © Bill Wittman.

Impreso en los Estados Unidos de América.

Número de catálogo en la Biblioteca del Congreso: 2003115708

ISBN 1-56854-518-5

51000

9 781568 545189

LASYN $10.00

Índice

PROCLAMACIÓN DEL SÍNODO
ARQUIDIÓCESIS DE LOS ÁNGELES

En este tercer año del Tercer Milenio

En el noveno mes de septiembre

En el año de Nuestro Señor Jesucristo, dos mil tres,

Treinta y ocho años después de los decretos del Concilio Vaticano Segundo,

En el vigésimo quinto año del pontificado

de Juan Pablo II, Obispo de Roma,

En mi décimo octavo año como Arzobispo de Los Ángeles,

Se da por concluido el Sínodo de la Arquidiócesis de Los Ángeles.

Con María, Nuestra Señora de los Ángeles, oremos

Para que a través de la presencia y el poder del Espíritu Santo

El Pueblo de Dios, clérigos, religiosos y religiosas, laicos y laicas

Sean audaces en llevar hacia adelante la visión renovadora

De nuestra Iglesia Local expuesta en los Documentos del Sínodo.

Que los Decretos del Sínodo dirijan la agenda Pastoral de la Arquidiócesis

por los próximos cinco a diez años y se hagan vigentes

a través de las estructuras y los organismos

que yo he autorizado para implementar el Sínodo.

Alabanza y gloria sean dadas a la Divina Trinidad. Amén.

ARCHDIOCESAN SEAL

+ Cardenal Rogelio M. Mahony
Arzobispo de Los Ángeles

Hermana Mary Elizabeth Galt, B.V.M.
Canciller

Carta del Cardenal Rogelio Mahony que Concluye el Sínodo

4 de septiembre del 2003
Solemnidad de Nuestra Señora de Los Ángeles

Mis Hermanos y Hermanas en Cristo:

El Jueves Santo del gran Año del Jubileo 2000, los sacerdotes de la Arquidiócesis de Los Ángeles, junto con su Arzobispo, publicaron una Carta Pastoral sobre el Ministerio, *Hagan lo Mismo que Yo Hice con Ustedes,* la cual expresa nuestra esperanza por una mayor colaboración y mutualidad en el ejercicio del ministerio en la Iglesia. Al final de esta carta, yo convoqué un Sínodo, llamando a todo el pueblo de Dios a unirse conmigo en un proceso de oración, diálogo, discernimiento y decisión con el propósito de encontrar maneras más fructuosas de vivir en la comunión del Espíritu Santo, respondiendo a las necesidades de las personas de la Arquidiócesis.

En los muchos meses transcurridos desde abril del año 2000, el Pueblo de Dios—laicos y laicas, clérigos, religiosos y religiosas—se ha dado a sí mismo incansablemente a la formulación de Opciones, Prioridades y Estrategias Pastorales para ayudarnos a realizar la visión de la Iglesia expresada en *Hagan lo Mismo que Yo Hice con Ustedes.* Esta visión está completamente animada por las orientaciones del Concilio Vaticano Segundo, y se le ha dado una dirección específica en el programa pastoral delineado por nuestro Santo Padre el Papa Juan Pablo II en su Carta Apostólica *Novo Millenio Ineunte* (Al Comienzo del Nuevo Milenio).

El Sínodo ha ofrecido muchas ocasiones para escuchar con el oído de nuestro corazón a las muchas preocupaciones expresadas a través de la Arquidiócesis. Algunas de estas no pueden ser resueltas a nivel de la Iglesia Local. Pero en el mismo espíritu de diálogo abierto y respetuoso que ha caracterizado nuestro Sínodo yo llamaré la atención de aquellos que tienen autoridad en estos asuntos sobre esas preocupaciones importantes que están fuera de la competencia de un Sínodo.

Es claro que el Espíritu Santo ha animado e iluminado los corazones de la gente de la Arquidiócesis para discernir la dirección que tomaremos en los próximos diez años en adelante. Continuaremos dependiendo del Espíritu de Cristo mientras que seguimos implementando nuestras Opciones, Prioridades y Estrategias Pastorales. Que el Espíritu nos guíe para ser y convertirnos en heraldos más auténticos del Evangelio en nuestras propias vidas y, a través de nuestro testimonio común del Reino de Dios, un signo más efectivo de reconciliación y paz en el mundo.

Es nuestra sincera esperanza que el espíritu de estos Documentos del Sínodo, expresado en las palabras "Nos Reunió y Nos Envía," capturen e impregnen los corazones de quienes los lean, en la Iglesia de Los Ángeles y más allá de ella.

Unido a todo el pueblo de la Arquidiócesis bajo la protección de Nuestra Señora de Los Ángeles, yo encomiendo a su cuidado todo lo que hemos hecho y lo que continuaremos haciendo a través del Sínodo para caminar hacia la plenitud de la vida en Cristo.

Sinceramente suyo en Cristo,

+ Su Eminencia
Cardenal Rogelio M. Mahony
Arzobispo de Los Ángeles

4 de septiembre del 2003
Solemnidad de Nuestra Señora de Los Ángeles

Mis Hermanos y Hermanas en Cristo,

El Jueves Santo del gran Año del Jubileo 2000, los sacerdotes de la Arquidiócesis de Los Ángeles, junto con su Arzobispo, publicaron una Carta Pastoral sobre el Ministerio, *Hagan lo Mismo que Yo Hice con Ustedes*, la cual expresa nuestra esperanza por una mayor colaboración y mutualidad en el ejercicio del ministerio en la Iglesia. Al final de esta carta, yo convoqué un Sínodo, llamando a todo el pueblo de Dios a unirse conmigo en un proceso de oración, diálogo, discernimiento y decisión con el propósito de encontrar maneras más fructuosas de vivir en la comunión del Espíritu Santo, respondiendo a las necesidades de las personas de la Arquidiócesis.

En los muchos meses transcurridos desde abril del año 2000, el Pueblo de Dios—laicos y laicas, clérigos, religiosos y religiosas—se ha dado a sí mismo incansablemente a la formulación de Opciones, Prioridades y Estrategias Pastorales para ayudarnos a realizar la visión de la Iglesia expresada en *Hagan lo Mismo que Yo Hice con Ustedes*. Esta visión está completamente animada por las orientaciones del Concilio Vaticano Segundo, y se le ha dado una dirección específica en el programa pastoral delineado por nuestro Santo Padre el Papa Juan Pablo II en su Carta Apostólica *Novo Millenio Ineunte* ("Al Comienzo del Nuevo Milenio").

El Sínodo ha ofrecido muchas ocasiones para escuchar con el oído de nuestro corazón a las muchas preocupaciones expresadas a través de la Arquidiócesis. Algunas de estas no pueden ser resueltas a nivel de la Iglesia Local. Pero en el mismo espíritu de diálogo abierto y respetuoso que ha caracterizado nuestro Sínodo yo llamaré la atención de quienes tienen autoridad en estos asuntos sobre esas preocupaciones importantes que están fuera de la competencia de un Sínodo.

Es claro que el Espíritu Santo ha animado e iluminado los corazones de la gente de la Arquidiócesis para discernir la dirección que tomaremos en los próximos diez años en adelante. Continuaremos dependiendo del Espíritu de Cristo mientras seguimos implementando nuestras Opciones, Prioridades y Estrategias Pastorales. Que el Espíritu nos guíe para ser y convertirnos en heraldos más auténticos del Evangelio en nuestras propias vidas y, a través de nuestro testimonio común del Reino de Dios, un signo más efectivo de reconciliación y paz en el mundo.

Es nuestra sincera esperanza que el espíritu de estos Documentos del Sínodo, expresado en las palabras *Nos Reunió* y *Nos Envía,* capturen e impregnen los corazones de quienes los lean, en la Iglesia de Los Ángeles y más allá de ella.

Unido a todo el pueblo de la Arquidiócesis bajo la protección de Nuestra Señora de Los Ángeles, yo encomiendo a su cuidado todo lo que hemos hecho y lo que continuaremos haciendo a través del Sínodo para caminar hacia la plenitud de la vida en Cristo.

Sinceramente suyo en Cristo,

Su Eminencia
Cardenal Rogelio M. Mahony
Arzobispo de Los Ángeles

Opciones Pastorales, Prioridades y Estrategias del Sínodo de la Arquidiócesis de Los Ángeles

Introducción

La misión de Jesús se manifestó primero cuando él, el hijo amado del Padre, fue bautizado en el Jordán y fue lleno del Espíritu Santo. Para prepararlo a comenzar su misión, el Espíritu lo condujo al desierto para ayunar, orar y para ser tentado. (Mateo 3: 16—4:1). La misión de Jesús es anunciar que ha llegado el tiempo del favor de Dios, el Reino de Dios. Jesús proclamó el Reino de Dios como el cumplimiento de la esperanza de Dios, de su deseo, de sus intenciones para el mundo presente y venidero. En el Reino de Dios, la verdad, la santidad, la justicia, el amor y la paz serán establecidos para siempre. Jesús estableció su Iglesia para que continúe y promueva esta misión. Él confió esta misión a la Iglesia: proclamar de palabra y de obra la Buena Nueva de la venida de Dios entre nosotros en Jesucristo a través del don del Espíritu. Esta misión ocupa un lugar central en las palabras y en las obras de Jesús, tanto así que el Concilio Vaticano II afirmó y enfatizó que la "misión" define la Iglesia. La Iglesia en toda su dimensión y en todas sus prácticas existe para la misión: para proclamar a través de las palabras y de las acciones el Reino de Dios a personas de todas las culturas, tiempos y lugares.

En la Solemnidad de la Epifanía, el 6 de enero del 2001, el Papa Juan Pablo II publicó una Carta Apostólica que delineó el perfil de un programa pastoral para el Tercer Milenio: *Novo Millennio Ineunte*, "Al comienzo del Nuevo Milenio". El Papa dirigió esta carta a todos los fieles: clérigos, religiosos y religiosas, laicos y laicas. En ella, el Santo Padre afirma que las iniciativas pastorales deben desarrollarse y adaptarse a las circunstancias de cada comunidad. Esto significa que es en las iglesias locales en donde los rasgos específicos de un plan detallado de pastoral tienen que ser identificados. Estos rasgos permitirán que el mensaje de Cristo llegue a todas las personas, formen comunidades, de tal manera que tengan una profunda influencia en llevar los valores del evangelio a la sociedad y a la cultura y así estos valores puedan ser vividos. "Por lo tanto de corazón exhorto a los Pastores de las Iglesias particulares, a que con el apoyo de todos los sectores del pueblo de Dios, confiadamente planeen los pasos a dar en la jornada que tenemos por adelante, armonizando las opciones de cada comunidad diocesana con aquellas de las Iglesias vecinas y de la Iglesia universal" (cf. *Novo Millennio Ineunte*, 29). El Sínodo de la Arquidiócesis de Los Ángeles ha estado lanzándose con el espíritu de esta invitación y de este reto: proclamar de palabra y de obra la misión de Cristo y del Espíritu.

En Donde Nos Encontramos

Los Ángeles es la Arquidiócesis más grande y la que crece más rápidamente en los Estados Unidos de América, con cerca de cinco millones de católicos dentro de sus confines. Las parroquias en la Arquidiócesis reportan que sirven a dos millones y cuarto de católicos directamente, aproximadamente la mitad de la población. Aún más, los reportes parroquiales indican que el número promedio de católicos atendidos es de ocho mil. Basados en el origen étnico se tienen reportes del Censo de los Estados Unidos que indican que el número promedio de los católicos atendidos por parroquia es cercano a los diecinueve mil. Las parroquias están haciendo enormes esfuerzos, y éstos realizados con mucho éxito, pero los retos que quedan son aún más grandes. Ochenta y siete parroquias reportan que están sirviendo a más de diez mil personas. El Censo estima que ciento diez parroquias tienen una población de más de vente mil católicos. Aquellos católicos que no participan y están inactivos constituyen el mayor "cuerpo religioso" en los Estados Unidos.

Tan sólo esta realidad lleva a la Iglesia a un momento crucial en lo que se refiere a su futuro y presenta al pueblo de Dios un nuevo reto y una oportunidad nueva para evangelizar. En su forma inicial y la más concreta *evangelizar* significa proclamar de palabra y de obra la Buena Nueva de Jesucristo a aquellos que nunca la han escuchado. Como seguidores de Jesucristo, nosotros estamos llamados a proclamar nuestra experiencia de él en nuestras propias vidas, en nuestras familias y en los lugares de trabajo así como en nuestros vecindarios.

En la Arquidiócesis así como en la Iglesia en diferentes países hay muchas personas bautizadas quienes por diversas razones no están participando activamente en sus parroquias o en la Iglesia local. Nuestro Santo Padre, el Papa Juan Pablo II, por lo tanto nos ha llamado a una "nueva evangelización". Esta forma de evangelización conlleva la proclamación de la Palabra de Dios a través de nuestras acciones y nuestras palabras, a personas que no han recibido una adecuada catequesis, a los inactivos y a quienes se sienten alienados. Estamos llamados a esforzarnos por reanimar la fe de quienes ya han descubierto en sus vidas la presencia de Cristo. Llegar a entender la evangelización de esta manera, nos reta a dejar que Cristo toque todos esos rincones de las vidas de quienes todavía no han experimentado la conversión aún cuando ya tienen la experiencia de creer en Jesucristo, comenzando por nosotros mismos ante todo.

La oportunidad para evangelizar grandes números, tanto de inmigrantes católicos como de jóvenes, así como para lanzarnos a vivir la "nueva evangelización", puede que no permanezca abierta para siempre. El comienzo de este nuevo siglo nos ofrece una oportunidad única para vivir esta "nueva evangelización" entre los jóvenes e inmigrantes que viven en gran número en nuestra Arquidiócesis de Los Ángeles. La forma como nosotros respondamos a este reto ahora y en los años venideros, tendrá unas consecuencias enormes para el Catolicismo en los Estados Unidos.

El Jueves Santo del Año Jubilar 2000, el Señor Cardenal Rogelio Mahony y los sacerdotes de la Arquidiócesis de Los Ángeles emitieron una Carta Pastoral sobre el Ministerio, *Hagan lo Mismo que Yo Hice con Ustedes*. Conscientes de los muchos cambios que se están dando en la Arquidiócesis, el Señor Arzobispo y sus sacerdotes escribieron: "Tan sólo los ajustes y pequeños cambios no son suficientes. Lo que estamos necesitando es una profunda reorientación en nuestra manera de concebir el ministerio así como en nuestras prácticas pastorales" (38). En la conclusión de la Carta Pastoral, el Señor Cardenal convocó a un Sínodo para la Arquidiócesis de Los Ángeles. La convocación para el Sínodo fue una invitación para que el pueblo de Dios se comprometiera en un proceso que implica oración, diálogo, discernimiento y decisión para salir al encuentro de las necesidades de todas las personas de la Arquidiócesis en el momento presente.

En nuestro compromiso por enfrentarnos a las necesidades siempre cambiantes de las personas de la Arquidiócesis y de trabajar en la evangelización como se describe aquí, reconocemos los esfuerzos de nuestros hermanos y hermanas fuera de la Iglesia católica. Muchos de ellos, como nosotros, se esfuerzan por construir un mundo en el que reinen la verdad, la santidad, la justicia, el amor y la paz. Para nosotros es a la vez un regalo y una tarea el caminar hombro con hombro con quienes buscan el crecimiento del Reino de Dios, sin importarnos la cultura, la raza, la lengua o el credo que profesan.

Terrenos Cambiantes

¿Y LA PRÓXIMA GENERACIÓN Y LA QUE SIGUE?

En el proceso de oración y diálogo tan central en el Sínodo, los padres y madres de familia así como los abuelos y abuelas en las cinco Regiones Pastorales de la Arquidiócesis, consistentemente expresaron su percepción de que un gran número de jóvenes no están practicando su fe. Ambos grupos expresaron su preocupación por considerarse impotentes para transmitir la fe a la generación futura. Aún cuando hay señales de que muchos jóvenes católicos están comprometidos entusiastamente en la vida de fe, es claro que muchos más no lo están. Los principales educadores en la fe son los padres y madres de familia, por lo tanto necesitaremos encontrar los caminos para que sean ayudados y puedan así cumplir más efectivamente esta responsabilidad.

Una Tercera Oleada: Regalo y Reto

Llamados a reconocer el urgente reto de atender a los jóvenes así como los adultos jóvenes, también nos encontramos confrontados con algo que es al mismo tiempo un gran don y una urgente tarea. Estamos viviendo en medio de una tercera gran oleada de inmigración en este país. La primera y la segunda oleadas trajeron inmigrantes primeramente a las costas del Este en los dos primeros siglos de esta nación. La tercera oleada, siempre creciente en números y en fuerza desde 1970, ha traído personas de México, América Central, América del Sur y del Lejano Oriente a las costas de California. Contamos con este enorme regalo, rico tanto en vitalidad como en diversidad. Sin embargo, el regalo también trae consigo, enormes retos, de los cuales no es el menor el del lenguaje, así como el de tratar de llegar a servir a las diversas culturas, respetando a los demás, y apreciando profundamente, no solamente tolerando, las diferencias y el ser único de cada cual. Con estos cambios también ha habido sufrimiento en las cambiantes composiciones de las parroquias ya existentes.

Con una visión hacia el pasado podemos ver que las estructuras de nuestras parroquias arquidiocesanas fueron construidas para servir una migración interna de los estados del este y del medio este de los Estados Unidos en los días que siguieron a la Segunda Guerra Mundial. Las parroquias se establecieron con el fin de servir entre mil quinientas y dos mil familias. Varios sacerdotes eran asignados para servir cada parroquia y las escuelas parroquiales eran atendidas por una abundancia de religiosas de diferentes congregaciones. Ahora, especialmente en aquellas parroquias de la Arquidiócesis en donde los inmigrantes de esta tercera oleada se han establecido, puede haber potencialmente tantos como diez o quince mil hogares católicos. Con menos sacerdotes, religiosas y hermanos religiosos, ha surgido la siguiente pregunta: ¿Cómo podremos servir a tantos feligreses que tienen cultura tan diversa? Reconociendo la necesidad de la evangelización así como de la "nueva evangelización" de los católicos tanto activos como quienes no participan, ¿podemos asumir que llegaremos a ellos tan sólo invitándolos a unirse a las actuales actividades que desarrollamos en nuestros programas parroquiales?

Conservando Nuestras Seguridades

En medio de todos los cambios que hemos identificado somos conscientes que los ministerios laicos están floreciendo en número sin precedentes. Al mismo tiempo, las vocaciones a la vida religiosa y al sacerdocio siguen disminuyendo. Es necesario un creciente número de Diáconos para servir las necesidades materiales de la Iglesia. Creemos que la Iglesia es una comunión de Palabra y Sacramento, pero con un número cada vez menor de sacerdotes, corremos el riesgo de llegar a desconectarnos de la Eucaristía que es fuente y cumbre de la vida y de la fe católica.

Una Ancla de Esperanza

Al comenzar el Sínodo de la Arquidiócesis de Los Ángeles, la Iglesia a través de todos los Estados Unidos comenzó a sentir los efectos de la crisis causada por los escándalos provocados por los abusos sexuales. La respuesta del Pueblo de Dios a dicha crisis ha sido una fuente de la más genuina esperanza así como la ocasión para un sentido reconocimiento de las faltas y la oportunidad para expresar la más sentida petición de perdón y reconciliación. Reconocemos la presencia de pecado en la Iglesia más también creemos firmemente que la Iglesia es portadora de la gracia de Dios. Vinimos al Sínodo con una sincera apreciación del hecho que la mayoría del pueblo católico ha permanecido firme en su fe, en su esperanza, en su ardiente caridad y fidelidad a la Iglesia. El Pueblo de Dios es una prueba viviente de la enseñanza del Concilio Vaticano II: Nosotros, laicos, religiosos y religiosas y el clero, somos la Iglesia.

Evangelización: Un Camino Nuevo para Realizar las Cosas

Durante el proceso del Sínodo, las voces de nuestra gente han hablado y han sido escuchadas. ¿Qué han dicho estas voces? Sobre todo han remarcado la necesidad de la evangelización:

> Anunciar de palabra y de obra la Buena Nueva del Señor,
> Anunciar el tiempo del favor de Dios,
> Proclamar la necesidad de la transformación del mundo,
> Han hablado del anuncio de la llegada del Reino de Dios—
> cuando la verdad, la santidad, la justicia, el amor y la paz prevalecerán.

La evangelización está en el corazón de la misión de la Iglesia; es la vocación común de quienes han recibido el Bautismo, no solamente de los misioneros o misioneras, sea que hayan recibido el orden sacerdotal o la profesión religiosa o laicos y laicas. La evangelización pertenece a quienes han recibido una participación en la misión de la Iglesia a través de su iniciación cristiana: Bautismo, Confirmación y la participación en la Eucaristía.

El Papa Juan Pablo II define la "nueva evangelización" como la proclamación de la Buena Nueva no solamente a quienes nunca han escuchado el mensaje del Evangelio, sino de manera particular a quienes han dejado de participar en la vida eclesial. También incluye a quienes están participando activamente en la vivencia de su fe para que la luz del Evangelio pueda alcanzar también los rincones oscuros de nuestras vidas.

Como personas que participamos en el discipulado de Jesús estamos llamados a compartir la Buena Nueva, la persona de Jesucristo con mucha gente: nuestras familias, la juventud, los jóvenes adultos y quienes por cualquier razón se sienten al margen de la vida de la Iglesia. El llamado universal es a compartir la experiencia de lo que significa tener una relación con Jesús. La Buena Nueva del Reino de Dios no es un concepto, una doctrina o un programa sujeto a libre elaboración, sino que es ante todo una persona que tiene el rostro y el nombre de Jesús de Nazaret (*Redemptoris Missio*, 18).

Debemos admitir con toda humildad que realmente no sabemos compartir la Buena Nueva efectivamente. El Cardenal Mahony y los clérigos de la Arquidiócesis concluyen su Carta Pastoral sobre el Ministerio, *Hagan lo Mismo que Yo Hice con Ustedes*, con un llamado a reconocer que estamos realizando una jornada como los discípulos en el camino a Emaús, en camino hacia un futuro todavía desconocido. Debemos aprender al ir caminando en mutua compañía. La pregunta es la siguiente: ¿Cómo puede el Sínodo llevar a cabo "una mayor reorientación en la manera de pensar sobre el ministerio así como en nuestras prácticas ministeriales" de manera que seamos conscientes de compartir la tarea de la evangelización?

No podemos buscar solamente en el pasado la respuesta a las preguntas con que nos enfrentamos. La Iglesia en los Estados Unidos creció a pasos agigantados principalmente por la inmigración de Europa tanto oriental como occidental. Estos inmigrantes encontraron en la Iglesia un refugio y una fuente de apoyo y de legítimo orgullo frente a muchas fuerzas hostiles.

Los esfuerzos catequizadores de la Iglesia en los Estados Unidos han sido enormemente fecundos. Sin embargo, nuestra catequesis se ha orientado sobre todo, hacia quienes ya están dentro de la Iglesia. En este tiempo consideramos necesario el salir hacia quienes necesitan del testimonio de palabra y de obra, no solamente llegar a personas extrañas, sino a la propia familia, a las amistades, a los propios hijos e hijas. ¿Cómo podemos enfrentar este reto con éxito?

FUENTES INTERIORES

Año tras año, estación tras estación, el Pueblo de Dios escucha la Palabra del Señor a través del ciclo litúrgico en las lecturas bíblicas proclamadas durante la celebración Eucarística dominical. Quienes participan en la Eucaristía cada Domingo, y algunas personas también lo hacen cada día, experimentan el amor de Dios Padre, a través de Cristo, en el Espíritu que está presente y activo en sus vidas. Al participar en la Eucaristía cada domingo, las personas que lo hacen permanecen firmes en su fe en la presencia de Cristo en la Eucaristía, en la Palabra y en la comunidad reunida en fe alrededor de la Mesa del Señor. Sin embargo, hay entre estas personas quienes carecen de confianza en el conocimiento de su fe cristiana y de su capacidad para articular su experiencia de Cristo Crucificado y Resucitado. Por lo tanto, uno de los mayores retos a que nos enfrentamos es encontrar la forma adecuada de como ayudar a las personas a que saquen lo mejor que tienen y que así crean en el poder con el que cuentan para hablar de su relación con un Dios salvador y amoroso y compartan su experiencia de la Escritura, de los Sacramentos y de la comunidad para que se constituyan en portadores del amor de Dios para los demás. Al embarcarnos en el camino de la nueva evangelización, oramos para que quienes hemos recibido la gracia del Bautismo participemos más de lleno en la misión de la Iglesia, que es una misión de la Palabra y del Espíritu.

La Palabra es el amor de Dios visto, tocado y escuchado. El Espíritu es el Amor de Dios habitando en el corazón humano— un amor que es creativo, un amor que da vida, un amor que une al Pueblo de Dios como hijos e hijas del mismo Padre amoroso. Cada miembro de la Iglesia tiene una parte en la misión de la Palabra y del Espíritu, un llamamiento a hacer visible el amor de Dios, para que este amor pueda ser tocado y escuchado, y de esta manera sea posible vivir de una fuente ilimitada del amor que es creador de vida, que restaura lo que está roto, que une las familias, los vecindarios, las comunidades, las parroquias: *Esto, de hecho, es un camino nuevo de hacer las cosas.*

Al avanzar el Sínodo, se escucha el eco de las palabras de la Carta Pastoral *Hagan lo Mismo que Yo Hice con Ustedes* (38): "Solo ajustes y pequeños cambios en la práctica no son suficientes. Lo que se necesita es una profunda reorientación en nuestra manera de concebir el ministerio así como en nuestra práctica ministerial". Las Opciones Pastorales, las Prioridades y las Estrategias autorizadas por el Sínodo proponen un nuevo modo de hacer las cosas porque la misión fundamental de la evangelización ha recibido una nueva expresión para el día de hoy. El Sínodo no se celebra solamente en vista de instituir más programas. Su celebración, y el haber escogido las Opciones Pastorales, las Prioridades y las Estrategias tiene como objetivo el que encontremos las vías que nos llevarán a enfrentar los retos de nuestros tiempos en la comunión en el Espíritu, enraizándonos en un encuentro fresco con Cristo (Juan Pablo II, *Ecclesia in America*, 3). Están al servicio de una nueva manera de hacer las cosas impregnada del espíritu de la "nueva evangelización", un camino integral de vivir que es nuevo en su expresión, en sus métodos y en su fervor.

Por medio de la implementación de las decisiones tomadas en el Sínodo, llegaremos a vivir con frescura el hecho de ser hijos e hijas de Dios quienes al reunirnos formamos un signo viviente, un icono del amor de Dios para el mundo.

Una Comunión Llena de Bendiciones

Como miembros del Cuerpo de Cristo estamos profundamente relacionados quienes lo formamos: padres y madres, hijos e hijas, jóvenes, jóvenes adultos, abuelos y abuelas, miembros de las parroquias, sacerdotes, hermanos y hermanas en vida religiosa viviendo en comunidad, feligreses de las parroquias a lo largo y ancho de la Arquidiócesis, una Iglesia Local relacionada con otras Iglesias Locales en los Estados Unidos y a través del mundo entero. Profundizamos en estas relaciones cuando las cultivamos y nutrimos por medio del servicio por y de la generosidad con el Reino de Dios ahora y en el futuro. De esta manera, nuestra relación, nuestra comunión con Dios—Padre, Hijo y Espíritu— se hacen cada vez más fuertes.

Al profundizar en nuestra comunión en el Espíritu nos vamos transformando en un icono viviente de la Trinidad. La Trinidad es el misterio central de la vida y de la fe cristiana. Es la fuente de todos los otros misterios de la fe cristiana, la luz que ilumina los demás misterios. (*Catecismo de la Iglesia Católica*, 234). La doctrina de la Trinidad nos recuerda que las personas divinas son quienes son y lo que son precisamente por sus relaciones: Padre,

Hijo y Espíritu Santo. Sabemos también que este Dios está en nosotros, con nosotros y por nosotros. Esta luz interior que es básica en nuestra fe, nos conduce a un entendimiento profundo de nuestra realidad, somos una comunión de personas.

Divinas y Humanas: Personas en Relación

La doctrina de la Santísima Trinidad nos revela que las tres divinas personas son al mismo tiempo distintas e iguales entre sí mismas. Existe una diferencia de personas, pero no existe el que una sea mayor o menor que las demás. Nuestra realidad es que formamos un Cuerpo. Somos un cuerpo y al mismo tiempo individuos llamados a la santidad personal y asimismo recibimos un llamado a apoyar el proceso de santificación que florece en cada miembro de dicho Cuerpo. Por lo tanto, rechazamos cualquier diferenciación u orden en la Iglesia que hiciera de alguien o de algún ministerio intrínsecamente menos esencial o más esencial que cualquiera otro (1 Corintios 12). El sacramento del Bautismo establece los cimientos para esta comunión eclesial. Nos introduce en una comunión basada en un tipo nuevo de relaciones. Como hijas e hijos del Dios que es vida, luz y amor, somos hermanas y hermanos de los demás (Juann 1:12–13). Es dentro de estas nuevas relaciones creadas por el Bautismo que se comparten los regalos de fe, esperanza y amor al mismo tiempo que la responsabilidad de proclamar a todo el mundo, de palabra y de obra la Buena Nueva de Jesucristo.

Dentro de la Iglesia, toda relación tiene que ser construida sobre los principios de mutualidad, reciprocidad e interdependencia. El Espíritu de Dios está presente y está activo dentro de las varias relaciones que constituyen la Iglesia: relaciones entre obispos, laicos y clérigos, relaciones entre las Iglesias Locales y la Iglesia Universal, así como las relaciones con los cristianos de otras Iglesias. Nos reconocemos como una comunidad llamada a la santidad y definida por la cualidad de nuestras interacciones enraizadas en la vida relacional de Dios. De aquí se deduce que así como Dios es Dios para nosotros, de la misma manera la

Iglesia es para los demás. La Iglesia en todos y cada uno de sus miembros tiene como meta el ser para la misión. En el corazón de la vida divina existe el acto del "envío", de ser todos—hombres y mujeres—"enviados". Jesucristo es el que es Enviado: "Como el Padre me envió, así Yo les envío a ustedes" (Juan 20:21).

Más que un Simple Mantenimiento: Una Misión

La Iglesia, en todos sus miembros, existe para la misión. Debemos admitir que muchas veces nuestra energía se gasta en mantener las estructuras existentes más que en cumplir la misión. Nuestra preocupación por la colaboración debe ser más que un simplemente preocuparnos por trabajar juntos en los diversos proyectos de la Iglesia. Nuestro llamado es que en comunión lleguemos a ser más plenamente Iglesia. Un pueblo que es enviado por el Único Enviado para ser luz de las naciones y un faro de esperanza y de gozo para todas las gentes en nuestro tiempo y lugar concretos.

Por medio de la oración, del diálogo, del discernimiento y de las decisiones tomadas en el corazón del Sínodo, surgieron seis Opciones Pastorales que ocupan un lugar sobresaliente sobre todas las demás. Dichas Opciones darán forma a la Arquidiócesis de Los Ángeles al buscar vivir en la comunión del Espíritu, capacitándonos para responder a las siempre cambiantes necesidades de las personas que formamos la Arquidiócesis. Nuestra misión se dirige a:

- las personas que no están evangelizadas así como aquellas que estándolo se sienten alienadas de la Iglesia;
- quienes en gran número han llegado a nuestras costas;
- quienes en números considerables, teniendo la fe católica hace mucho que han abandonado su afiliación a la Iglesia;
- a jóvenes y a adultos jóvenes;
- a quienes todavía tenemos necesidad de plenamente convertirnos al Evangelio;
- a todas las generaciones que vendrán después de haber cumplido nuestra misión, quienes nos sucederán.

La respuesta a los retos pastorales para la Arquidiócesis, elaboradas por los delegados y delegadas del Sínodo es señal de un auténtico deseo de buscar nuevos caminos para evangelizar, caminos que van más allá de las presentes estructuras. Las Opciones Pastorales, junto con las Prioridades y Estrategias a ser implementadas pueden compendiarse como se expresa enseguida:

1) La misión es algo esencial a la vida de la Iglesia; por lo tanto, debemos anunciar de palabra y de obra la Buena Nueva de Cristo a través de la presencia y el poder del Espíritu Santo.

2) En donde las estructuras de la Iglesia no sean una ayuda para el cumplimiento de la misión, deben ser renovadas o nuevas estructuras deberán ser establecidas.

3) Para que la participación en la misión de la Iglesia sea verdaderamente efectiva, una formación permanente deberá estar presente en cada etapa de la vida.

4) Con el fin de que la Palabra sea proclamada tanto a las personas católicas inactivas, a las no católicas así como a quienes habiendo recibido la evangelización necesitamos escuchar de nuevo el mensaje, existe la necesidad de que cada líder sea preparado y entrenado para cumplir la misión.

5) En la vida sacramental de la Iglesia, sobre todo en la Eucaristía, la identidad y la misión del Cuerpo de Cristo es expresada y consolidada, así la Iglesia llega a su plena estatura en Cristo.

6) Fortalecida por la Palabra y los Sacramentos, la Iglesia llega a ser un signo de comunión y de justicia en el mundo y para el mundo, ser signo creíble es su misión.

El Sínodo escogió seis Opciones Pastorales, nueve Prioridades Pastorales, y catorce Estrategias Pastorales para su debida implementación. Como primera Opción Pastoral, *La Evangelización* y *"La Nueva Evangelización"* es la preocupación principal, el foco central, del Sínodo Arquidiocesano y de su implementación.

Con esto se quiere decir, muy concretamente, que
La Evangelización y *"La Nueva Evangelización"* es la medida
que usaremos para sopesar y elaborar todos los demás
juicios y decisiones que se deben tomar en las otras cinco
Opciones Pastorales.

OPCIONES PASTORALES
DEL SÍNODO
DE LA ARQUIDIÓCESIS DE LOS ÁNGELES 2003

I. *Evangelización y "La Nueva Evangelización".* Proclamar la presencia y el poder de Dios en el mundo.

II. *Estructuras de Participación y Responsabilidad.* Para una mayor participación en la toma de decisiones y responsabilidad para la misión.

III. *Formación y Educación Continua: Personas Adultas: Personas Jóvenes Adultas: Jóvenes.* En la profunda comprensión de la tradición Católica está: transmitir el "misterio" a la generación siguiente.

IV. *Acción Pastoral y Liderazgo: Laicado; Vida Consagrada; Clérigos.* Hacia un compromiso más profundo de testimonio, culto y servicio.

V. *La Eucaristía y La Vida como Sacramento.* Nos vamos santificando, enraizados en la oración, que vive de la Eucaristía y de la celebración de los sacramentos.

VI. *Justicia Social: Viviendo al Servicio del Reino de Dios.* Nos vamos haciendo gente de Justicia y Comunión para la vida del mundo.

El sábado 6 de septiembre del año 2003, en la Catedral de Nuestra Señora de Los Ángeles, yo, el Cardenal Rogelio M. Mahony, formalmente ratifico el trabajo del Noveno Sínodo de Los Ángeles y al firmarlos hoy, promulgo los decretos y la legislación del Sínodo.

ARCHDIOCESAN SEAL

Cardenal Rogelio M. Mahony
Arzobispo de Los Ángeles

Hermana Mary Elizabeth Galt, B.V.M.
Canciller

OPCIÓN PASTORAL I

Evangelización y "La Nueva Evangelización"

Proclamar la presencia y el poder de Dios en el mundo. Toda persona
católica bautizada está llamada a participar en la misión de Cristo y del
Espíritu, la misión de la Iglesia, proclamando con hechos y palabras el mensaje que constituye el centro de la vida y del ministerio de Jesús: el Reino
de Dios aquí y ahora, en este tiempo y lugar. La vida entera de la Iglesia
en todas sus dimensiones es servir a esta MISIÓN: anunciando en todo
lo que decimos y hacemos la Buena Nueva, el año de gracia del Señor,
la transformación del mundo y la llegada del Reino de Dios, el reino
de la verdad, de la santidad, de la justicia, del amor y de la paz.

Lo central de esta misión es la EVANGELIZACIÓN. Existen tres
niveles de evangelización. **Primero,** la evangelización implica permitir
que el corazón de una persona sea tomado e impregnado por el
Evangelio, respondiendo a la llamada a una conversión de por vida a
Cristo y al don del Espíritu. **Segundo,** la evangelización requiere llegar
a las demás personas para proclamar con hechos y palabras el Reino
de Dios. **Tercero,** la evangelización exige que los valores del Reino de
Dios—reino de verdad, de santidad, de justicia, de amor y de paz—
impregnen todas las culturas y transformen todas los ámbitos de la vida.

Por la gracia del Bautismo somos personas llamadas a la santidad;
por eso, tenemos la responsabilidad de proclamar a las otras personas
la experiencia de Cristo en nuestras vidas—a nuestras familias, en los
lugares de trabajo, en nuestros barrios y en los lugares públicos. Toda
persona católica debe poder comunicar su conocimiento personal del
amor y salvación de Dios manifestados en las Escrituras, por la experiencia de los sacramentos y a través de la valoración de la tradición de
la Iglesia. Aún más, ahora tiene que darse una "nueva evangelización",
enfocada en evangelizar o re-evangelizar aquellas personas que han
sido poco catequizadas, personas católicas inactivas y alejadas, como
también reanimar a todas aquellas que han descubierto la presencia
de Cristo en sus vidas. La "nueva evangelización" también significa
que cada persona que tiene fe en Jesucristo le permita tocar los
aspectos de sus vidas todavía no convertidos.

Ver Juan Pablo II, Exhortación Apostólica Post-Sinodal *Ecclesia in America* (el 22 de enero de 1999), 6, 28,
y 66: AAS 91 (1999), 737–815; Carta Apostólica *Tertio Millennio Adveniente* (el 10 de noviembre de 1994),
21: AAS 87 (1995), 17; Discurso de Apertura para la Cuarta Conferencia del Episcopado Latinoamericano
(el 12 de octubre de 1992), 17: AAS 85 (1993), 820; Encíclica *Redemptoris Missio* (el 7 de diciembre de 1990),
37.4: AAS 83 (1991), 249–340; Exhortación Post-Sinodal *Christifideles Laici* (el 30 de diciembre de 1988),
34: AAS 81 (1989), 455.

PRIORIDAD PASTORAL

A nivel Arquidiocesano se ha de establecer e implementar en cada parroquia un plan pastoral específico para la "nueva evangelización" de todos los católicos (clero, religiosos y laicos).

ESTRATEGIAS PASTORALES

Se ha de dar prioridad y se han de asignar recursos para promover la evangelización en todos los niveles y ambientes (parroquia, decanato, región pastoral y Arquidiócesis).

Tiene que existir un esfuerzo de colaboración entre las oficinas pastorales de la Arquidiócesis, de las regiones pastorales y de las parroquias, para diseñar modelos nuevos, sencillos y efectivos para la "nueva evangelización".

Se han de utilizar los medios de comunicación social y la tecnología electrónica para la evangelización, particularmente la radio, la televisión y la Internet.

Opción Pastoral II

Estructuras de Participación y Responsabilidad

Para una mayor participación en la toma de decisiones y responsabilidad para la misión. Si todas las personas bautizadas han de participar en la misión de la Iglesia, entonces las estructuras de la vida de la Iglesia y su gobierno tienen que ser renovadas, y se han de establecer nuevas estructuras que posibiliten un mayor grado de participación de parte de todas las personas bautizadas. La participación en la misión de la Iglesia está enraizada en el Bautismo, reforzada en la confirmación y alimentada mediante la celebración constante de la Eucaristía. Todas las personas reciben los dones del Espíritu que les llama a edificar la Iglesia y promover el Reino de Dios. Para que la misión sea eficaz, las personas católicas tienen que estar convencidas que son realmente la Iglesia, una parte integrante de su misión, de su estructura y gobierno. Para lograr esto, la Iglesia tiene que evaluar y revitalizar las estructuras presentes e idear unas nuevas que posibiliten una participación más intensa, una colaboración, y aceptación de responsabilidades en la misión y en la pastoral. Lograr esto require incluir de la máxima manera la enorme diversidad de personas de la Arquidiócesis de Los Ángeles, las muchas lenguas habladas y la diversidad de grupos socio-económicos, la multiplicidad de etnias y culturas, los varones y las mujeres, todas las edades, la multiplicidad de empleos y profesiones, las personas con impedimentos de todas clases, igual que las muchas personas marginadas de diferentes maneras en la sociedad y en la Iglesia. Hemos recibido un llamado a ser sensibles a esta diversidad que nos enriquece, para animar a una participación activa según los dones particulares de cada persona y su llamado específico en la Iglesia. De igual manera, toda persona es llamada a un mayor compromiso.

PRIORIDADES PASTORALES

El arzobispo, los obispos regionales y el equipo arquidiocesano de líderes han de garantizar el desarrollo de
estructuras que favorezcan la participación apropiada
de religiosos y laicos en la toma de decisiones y en los
procesos de rendición de cuentas en la Arquidiócesis,
a nivel regional, del decanato y de las parroquias.

Se le ha de otorgar a cada obispo regional la
autoridad, el poder de supervisar y los recursos
(de personal y financieros) para que administre
efectivamente su región pastoral.

ESTRATEGIAS PASTORALES

En vista de la disminución de sacerdotes disponibles
para servir como párrocos, se ha de realizar un extenso
estudio, incluyendo consultas con los laicos, para con-
solidar parroquias, agruparlas, crear nuevas y proveer-
las de personal, mediante la combinación de ministros
del clero y laicos, apropiado a cada parroquia, y con
un plan para elaborarlo e implementarlo.

Se ha de establecer un consejo pastoral regional
en cada región que pueda proponerse metas, tratar
preocupaciones y desafíos comunes, y el cómo
compartir los recursos.

Opción Pastoral III

Formación y Educación Continua:
Personas Adultas; Personas Jóvenes Adultas; Jóvenes

En la profunda comprensión de la tradición católica está el transmitir el "misterio" a la generación siguiente. Toda persona *bautizada debe tener una "fe bien formada, ser entusiasta, ser capaz de liderazgo en la Iglesia y en la sociedad, estar llena de compasión y trabajar por la justicia"* (Plan Pastoral para la Formación de las Personas Adultas de la Conferencia de los Obispos de los Estados Unidos *Sentíamos Arder Nuestro Corazón*, 1999, 30). Para que la persona sea más eficaz en llevar a cabo la misión de la Iglesia, ahora y en las décadas por venir, se debe enfocar mejor y conjugar esfuerzos en la educación continua y formación en todas las diferentes etapas de la vida. Las personas cristianas que han llegado a conocer a Jesús el Cristo siempre han sabido como explicar a otras personas su experiencia de Jesús ofreciendo esa experiencia a través de acciones llenas de fe. Al hacerlo, nos han dotado de una rica tradición.

Apreciar esa herencia, transmitirla a la nueva generación y mantenerla viva en un mundo en cambio constante es un verdadero desafío. Pero solamente aquellas personas que primero se han evangelizado, aquellas que experimentan la presencia y el poder del Espíritu de Cristo, pueden verdaderamente captar esta tradición y transmitirla a otras personas. Lo que necesitamos en nuestro tiempo y lugar son líderes entusiastas que motiven a toda la Iglesia, especialmente a la juventud, a las personas jóvenes adultas, para que sean el Cuerpo de Cristo y lo construyan en el mundo.

PRIORIDAD PASTORAL

Se han de ofrecer programas efectivos de educación religiosa y de formación en la fe a lo largo de toda la Arquidiócesis y en todos los niveles: niños, jóvenes, jóvenes adultos y personas adultas.

ESTRATEGIAS PASTORALES

En el plan para la educación y formación continua ha de incluirse estudio bíblico, educación sobre justicia social, oportunidades para crecimiento teológico y apreciación personal de todos los sacramentos, el respeto por la diversidad, la espiritualidad y la dirección espiritual.

Una cantidad adecuada de programas interparroquiales para jóvenes adultos se ha de crear en cada región pastoral, mediante la cooperación de las parroquias entre sí que incluya el compartir recursos y personal, para proveer a la formación de la fe de los jóvenes adultos.

Opción Pastoral IV

Acción Pastoral y Liderazgo:
Laicado; Vida Consagrada; Clérigos

Hacia un compromiso más profundo de testimonio, culto y servicio. El Bautismo y la Confirmación hacen que cada persona comparta el testimonio de la Iglesia, el culto y el servicio para el bien de su misión—la misión de Cristo y del Espíritu—para la transformación del mundo. A través del Bautismo todas las personas comparten el testimonio, el culto y el servicio de la Iglesia. La llamada al trabajo pastoral y al liderazgo provienen específicamente de la gracia del Bautismo y por esto hay muchas formas de ejercer la pastoral que le pertenecen al laicado y que no son exclusivas del clero y de las comunidades religiosas. En efecto, "el sacerdocio ministerial está al servicio del sacerdocio común, en orden al desarrollo de la gracia bautismal de todas las personas cristianas" (*Catecismo de la Iglesia Católica*, 1547).

Esta "gracia bautismal de toda persona" es el contexto en el cual se da toda clase de liderazgo y es asegurado dentro de la Iglesia: la importancia vital del papel del sacerdocio de los obispos y presbíteros para edificar y guiar a la Iglesia como signos visibles de su unidad; el papel de los diáconos, ordenados específicamente para el servicio y las obras de caridad, como también la importancia de la vida consagrada como signo profético de la venida del Reino de Dios, y del liderazgo laical comprometido. La llamada para ejercer todo trabajo pastoral y liderazgo es una llamada a la colaboración mutua para la construcción del Cuerpo de Cristo. Con ministros ordenados, ministros laicos y líderes bien entrenados y profundamente comprometidos en la Iglesia, la Palabra será predicada eficazmente a nuestras comunidades de fe, y tanto las personas católicas inactivas como las no católicas oirán la Buena Nueva proclamada con vigor y gozo. Esta Palabra de Dios "no es un concepto, o doctrina, o un programa sujeto a la libre interpretación, es, sobre todo, una persona con la cara y el nombre de Jesús de Nazaret" (*Redemptoris Missio*, 18).

PRIORIDAD PASTORAL

A nivel arquidiocesano se han de crear procesos que aseguren una mejor colaboración y cooperación entre el laicado, los religiosos y el clero, de manera que los laicos puedan asumir más efectivamente su responsabilidad bautismal en la misión de la Iglesia.

ESTRATEGIAS PASTORALES

Se ha de implementar un plan para el entrenamiento en común de líderes ordenados y laicos, especialmente en los procesos de colaboración y toma de decisiones.

Se ha de establecer en cada región pastoral una "escuela para el ministerio de los laicos" o su equivalente, para entrenar a los feligreses a participar en una variedad de ministerios parroquiales.

Se ha de incluir a las mujeres, de igual manera, en todos los aspectos del liderazgo, administración y ministerio eclesial, siempre y cuando no esté prohibido por la doctrina de la Iglesia.

Opción Pastoral V

La Eucaristía y la Vida como Sacramento

*Nos vamos santificado, enraizados en la oración, que vive de
la Eucaristía y de la celebración de los sacramentos. La vida
sacramental de la Iglesia produce fruto cuando el Pueblo de Dios
integra la celebración sacramental del Misterio Pascual y su esfuerzo
por transformar el mundo en y a través del amor de Dios.* La
Eucaristía transforma a la comunidad reunida en asamblea: Nos
volvemos lo que recibimos; recibimos el Cuerpo de Cristo en la
Eucaristía para hacernos Cuerpo de Cristo para transformar el
mundo. "Ninguna comunidad cristiana se puede construir si sus
bases no están asentadas en la celebración de la Santa Eucaristía"
(Juan Pablo II, *Ecclesia de Eucharistia*, 33; ver *Presbyterorum
ordinis*, 6). Vivimos por la gracia transformadora que nos permite
reconocer y abrazar la sacralidad de la vida humana y vivirla en
todas sus variadas dimensiones. Toda nuestra vida se transforma
en expresión viva del Misterio Pascual—la vida, la pasión, la
muerte y la resurrección de Jesucristo—que celebramos primor-
dialmente en la Eucaristía.

Nuestra participación en la Eucaristía expresa nuestro compromiso que permite a Cristo entrar en nuestras vidas, para
nutrirnos con su Palabra, para sostenernos con el sacramento
de su Cuerpo y Sangre, construyéndonos—miembro por
miembro—en el Cuerpo de Cristo. Como la experiencia de
Cristo resucitado transformó a los discípulos y discípulas, así
nuestra participación en el Misterio Pascual nos transforma
al igual que al mundo entero. Pero esto es posible solamente
a través de una inmersión en la oración que fortalece nuestro
compromiso con la santidad de vida.

PRIORIDADES PASTORALES

Cada parroquia ha de dar prioridad a la celebración de la Misa Dominical, como una ocasión y oportunidad primordial para revitalizar la vida espiritual de la comunidad y, por consiguiente, para estimular la participación plena, consciente y activa de los fieles.

Al seguir declinando el número de sacerdotes en la Arquidiócesis, se ha de desarrollar un extenso plan a nivel Arquidiocesano, regional y parroquial para que sean servidas las necesidades litúrgicas y sacramentales del pueblo.

ESTRATEGIAS PASTORALES

Se han de elaborar e implementar normas arquidiocesanas que garanticen a los católicos que puedan recibir la comunión, reunirse para orar, y celebrar sacramentos y ritos litúrgicos que puedan ser administrados en ausencia de un sacerdote.

Los ministros ordenados y laicos han de participar en estudios continuos y formales de liturgia y homilética.

Opción Pastoral VI

Justicia Social: Viviendo al Servicio del Reino de Dios

Nos vamos haciendo gente de Justicia y Comunión para la vida del mundo. *Construir un mundo de justicia y comunión es presagio de la participación en el Reino de Dios.* Cuando decimos "Comunión", describimos nuestra relación con Dios, con las otras personas, con nosotros mismos, hombres y mujeres y con toda la creación; una relación enraizada en la igualdad, reciprocidad e interdependencia mutua que está en el corazón de la vida divina. La comunión auténtica llama a la disponibilidad para compartir los recursos de la Arquidiócesis a través de las parroquias, decanatos y regiones. "Justicia" es la actividad para crear un mundo en el cual todas las personas puedan crecer, dando atención particular a las pobres, débiles y heridas. El Evangelio nos recuerda que llegamos a un conocimiento más profundo de Jesucristo a través de nuestra experiencia con las personas pobres y todas aquellas que padecen necesidad (Mateo 25:31–46).

Las personas evangelizadas, que verdaderamente reconocen la presencia de Cristo en sus vidas, llegan hasta las personas más pobres, a aquellas que se consideran las últimas y de menos valor en la Iglesia y en la sociedad buscando y promoviendo la justicia. Continuamos la larga tradición de servicio a las personas víctimas del infortunio esforzándonos por la justicia en la sociedad y en la Iglesia y transformando las estructuras injustas. Vivimos nuestro llamado bautismal al servicio para la mayor gloria de Dios mediante nuestro testimonio de comunión que es una gracia para ser vivida no solamente en la asamblea parrroquial sino también en nuestros vecindarios, escuelas y en el amplio orden político y económico.

PRIORIDADES PASTORALES

Se ha de favorecer, en todos los niveles, una activa colaboración con las instituciones civiles y religiosas para mejorar la calidad de vida en la comunidad local.

Se ha de implementar, a través de toda la Arquidiócesis, una distribución más equitativa de los recursos (financieros y de personal) para ayudar a las parroquias y escuelas más pobres. [Prioridad de segundo nivel]

ESTRATEGIAS PASTORALES

Que las parroquias proporcionen un ministerio de justicia social para elevar la conciencia de los fieles al educarles e informarles sobre varios asuntos de justicia social.

A nivel arquidiocesano se han de crear estructuras salariales que puedan proveer, para el personal de la Iglesia que trabaja, tanto a medio tiempo como a tiempo completo, un salario justo y beneficios que incluyan los de salud, de jubilación y de desempleo.

Proceso de la Implementación del Sínodo

La misión del Sínodo no fue desarrollar un plan pastoral para la Arquidiócesis de Los Ángeles, sino establecer Opciones Pastorales y poner en marcha una línea de acción, mientras que como Pueblo de Dios unido en esta Iglesia Local avanzamos hacia un nuevo siglo. Las Opciones y Estrategias Pastorales identificadas como las más importantes por las personas delegadas al Sínodo formarán el Plan Pastoral Arquidiocesano que ahora está por desarrollarse.

Para poder implementar los resultados del Sínodo y orientar la formación del Plan Pastoral Arquidiocesano, será establecida una Comisión de Implementación con la ayuda y bajo la dirección de personal competente tomado entre los empleados del Centro Católico Arquidiocesano.

A través del proceso del Sínodo, las personas delegadas estuvieron conscientes de su responsabilidad de proveer una implementación adecuada de las opciones sinodales. En particular, estas personas delegadas expresaron una y otra vez su preocupación sobre la recaudación de fondos, la contratación de personal así como los tiempos necesarios para realizar las Estrategias específicas, y evaluar el proceso de una manera consistente y efectiva.

Las muchas tareas requeridas—incluidas las evaluaciones, finanzas, vigilancia, y la implementación de las decisiones—no pertenecen al Sínodo en sí mismo, pero forman parte del proceso de implementación post-sinodal. Por lo tanto, las personas delegadas apoyaron las siguientes propuestas:

- Se establecerá un proceso de implementación post-sinodal que incluya los componentes de evaluación, los tiempos y el impacto financiero de todas las propuestas aprobadas por el Sínodo, y un reporte cada dos años acerca de la implementación de las opciones.
- La Arquidiócesis proveerá los recursos necesarios para implementar las opciones del Sínodo a nivel regional.

Proclamación del Sínodo
Arquidiócesis de Los Angeles

En este primer año del Tercer Milenio
En este trigésimo día del noveno mes de septiembre
En el año de Nuestro Señor Jesucristo, dos mil uno
treinta y seis años después de los decretos
del Concilio Vaticano Segundo,
En el vigésimo tercer año del
pontificado de Juan Pablo II, Obispo de Roma,
En mi decimosexto año como Arzobispo de Los Angeles,
Yo declaro que nosotros, la Iglesia Católica de Los Angeles,
Nos prepararemos para nuestro Sínodo Arquidiocesano.
Invito a todos, clérigos, religiosos y laicos a prepararse
Para este evento
Escuchando nuevamente la palabra de Dios la cual
nos instruye y nos desafía,
Haciendo oración para que nos ilumine y nos dé sabiduría
Participando en el diálogo y en el discernimiento
En unión con María, Nuestra Señora de Los Angeles, oremos
Que a través de la presencia y el poder del Espíritu Santo
Podamos alcanzar una visión renovada de nuestra Iglesia Local
Arraigada en compasión, comunión y justicia.
Alabanza y Gloria sean dadas a la Divina Trinidad. Amén.

Rogelio Cardenal Mahony

Su Eminencia Cardenal Rogelio M. Mahony
Arzobispo de Los Angeles

Oración para el Sínodo de la Arquidiócesis de Los Ángeles

Padre de Luz, Vida y Amor
Te alabamos y damos gracias
por reunir a personas de cada raza,
pueblo e idioma
para conformar el Cuerpo de Cristo
en nuestro propio tiempo y lugar.

Purificados por las aguas bautismales,
llamados y enviados por tu Palabra,
fortalecidos y renovados por la Eucaristía
Participamos en la misión de Cristo,
convirtiéndonos así, en una señal
viviente de reconciliación y paz.

Somos llamados a preparar la venida de tu reino,
Respondiendo a las necesidades cambiantes
del pueblo de la Arquidiócesis de Los Ángeles,
construyendo un mundo de comunión y justicia.

Por medio de tu Espíritu, ilumínanos, anímanos, guíanos,
Mientras caminamos unidos a través del Sínodo
hacia la plenitud de la vida en Cristo.
Con la gracia del Espíritu, que permanece en nosotros te
pedimos nos concedas:

Una fe inquebrantable para caminar en la luz de Cristo
Esperanza abundante para avanzar, a pesar de cada obstáculo
Siendo instrumentos del amor y así poder participar
en la vida divina—aún en este momento.

Amén.

Sinopsis Histórica
Noveno Sínodo de Los Ángeles 2000–2003

Principio del Sínodo

El Jueves Santo del año 2000, el Cardenal Rogelio Mahony, Arzobispo de Los Ángeles, y los clérigos de la Arquidiócesis publicaron en conjunto una Carta Pastoral, *Hagan lo Mismo que Yo Hice con Ustedes*. En esta carta se convocó el primer Sínodo Arquidiocesano desde el año 1961. A fines del año, la Oficina del Sínodo fue establecida y operada bajo la dirección de la Hna. Marilyn Vollmer, ssm, y el Equipo Coordinador del Sínodo se formó para orientar y asistir con la planificación e implementación del Pre-Sínodo. El Equipo Coordinador también era responsable de valorar el progreso de la planificación del Sínodo, de evaluar el progreso, de llegar a la toma de decisiones, y de asegurar que todo su proceso y programación recibieran alta prioridad entre las muchas responsabilidades de la Arquidiócesis.

Para diciembre del 2000, la Directora del Sínodo había recopilado las percepciones de varios líderes sobre la Iglesia Local a través de reuniones con los Obispos Regionales y sus Decanos, con sacerdotes en las reuniones individuales de los decanatos, con los Consejos de Religiosos y Religiosas, con el Comité de Liderazgo Laico de la Oficina de Consejos Pastorales, con los diáconos representantes y sus esposas, con el Comité Ejecutivo del Consejo de Sacerdotes y con el Cardenal Mahony.

En marzo del 2001, la Comisión Preparatoria del Sínodo fue establecida para definir el contenido del Sínodo y para seleccionar a los representantes para las Asambleas Regionales y, por último, a los delegados en sí.

Participantes en el Proceso

Aunque el número final de delegados del Sínodo no pasó de 352, se llevó a cabo una amplia consultación a través del proceso de determinación de la agenda. Entre octubre del año 2001 y junio del 2002 todos los miembros de las 287 parroquias de la Arquidiócesis fueron invitados a asistir a dos Consultas Parroquiales o "Sesiones de diálogo". En estas sesiones se invitó a todos a hablar sobre sus preocupaciones y esperanzas para el futuro de la Iglesia en la Arquidiócesis de Los Ángeles. Hubo un total de 657 sesiones de consulta en las parroquias, y en once idiomas diferentes. Más de 26,000 feligreses se expresaron en estas sesiones.

Los feligreses no fueron los únicos participantes en esta primera etapa del proceso del Sínodo. También hubo consultas similares de los directores de departamentos y de los empleados del Centro Arquidiocesano Católico, de los Superiores de vida religiosa, de los sacerdotes, de las religiosas, y de los diáconos permanentes en cada Región Pastoral, de los hermanos religiosos, de los estudiantes del Seminario Mayor en Camarillo, de los miembros del Equipo Coordinador del Sínodo y de la Comisión Preparatoria del Sínodo, de los participantes de la Conferencia Anual de Jóvenes Adultos, de los estudiantes de colegios y universidades y en los centros católicos de las instituciones públicas y privadas, y de feligreses que se encuentran en prisión. Se llevaron a cabo 59 sesiones de consulta de estos grupos, las cuales involucraron a 2,389 participantes.

*Participación
y Representación*

FELIGRESES

VARIAS ORGANIZACIONES
Y GRUPOS CATÓLICOS

Entre enero y febrero del año 2002, las parroquias utilizaron diversos métodos para elegir su representación en las Asambleas Regionales del Sínodo. De acuerdo a la población parroquial, se determinó el número de sus representantes. Un número designado de diáconos, religiosos y religiosas y sacerdotes fue también elegido para participar como representantes. El título "representantes" se escogió para designar a los participantes de cada una de las cinco Asambleas Regionales conducidas en el otoño del año 2002 y para hacer la distinción de "las personas delegadas" al Sínodo Arquidiocesano.

En adición a los demás trabajos realizados en las Asambleas Regionales del Sínodo, estos representantes también votaron entre ellos mismos para nombrar a los delegados del Sínodo que representaran a sus respectivas Regiones Pastorales. Cada Obispo Regional, trabajando con un comité, eligió la delegación entre las personas nombradas por los representantes de la Asamblea Regional del Sínodo, incluyendo a un número específico de sustitutos entre los laicos y laicas. Los sustitutos no fueron escogidos entre los religiosos, los sacerdotes, y los diáconos. También cada obispo nombró a ocho sacerdotes, a seis religiosas, a cuatro diáconos, y a dos hermanos religiosos de su Región Pastoral. Los Obispos se reunieron con el Cardenal para revisar la lista potencial de delegados y poder determinar la lista final de participantes del Sínodo. Aquellos elegidos que aceptaron la invitación personal del Cardenal para servir como delegados fueron formalmente nombrados en la Reunión Pre-Sinodal que se llevó a cabo en abril del 2003 en la Escuela Secundaria de Notre Dame en la ciudad de Sherman Oaks.

Las personas delegadas al Sínodo eran laicos y laicas, religiosos y religiosas y clérigos. La mayoría de las personas delegadas habían sido representantes en las Asambleas Regionales del Sínodo. Sin embargo, se designaron personas delegadas adicionales por el Cardenal y por los Obispos Regionales para satisfacer los requisitos canónicos (por ejemplo, los decanos, los Superiores y Superioras, y los miembros del Consejo Presbiteral), o para asegurar una representación extensa que reflejara a cada Región Pastoral y a toda la Arquidiócesis.

Una característica muy importante a través del proceso del Sínodo fue poner atención a la pluralidad cultural, en cada etapa del proceso y se dieron pasos para asegurar una representación y una participación adecuada. La sensibilidad por la diversidad tomó en cuenta la etnicidad y la cultura, la edad, el género, la posición socioeconómica, los antecedentes educacionales, y el llamado eclesial. Las edades de las personas delegadas oscilaron entre los diecisiete años y los ochenta y tantos. Un cincuenta y siete por ciento (57%) de los delegados del Sínodo eran laicos y laicas, un veinticinco por ciento (25%) sacerdotes, seis por ciento (6%) diáconos, y doce por ciento (12%) religiosos y religiosas. Un cincuenta y ocho por ciento (58%) eran hombres, y cuarenta y dos por ciento (42%) mujeres. Cincuenta y seis por ciento (56%) de los delegados fueron propiamente identificados como de ascendencia europea, veintinueve por ciento (29%) hispana, nueve por ciento

(9%) asiática, 5.8% afroamericana, y 0.2% nativo americana.

Observadores multiconfesionales

En las dos sesiones del Sínodo (16–17 de mayo del 2003 y 27–28 de junio del 2003), estuvieron presentes observadores ecuménicos y multiconfesionales de una variedad de creencias—Islam, judaísmo, budismo y Sikh—y también de varias iglesias cristianas—Episcopal, Ortodoxa Armenia, Metodista, Presbiteriana y Luterana Evangélica. Aunque no votaron participaron en la discusión entre ellos mismos, con los delegados, y con otros observadores.

Proceso desde la Primera Sugerencia hasta la Última Prioridad

La Agenda del Sínodo—las Consultas en las Parroquias, las Asambleas Regionales y las Sesiones del Sínodo

Sesiones de diálogo en las parroquias: Asuntos planteados por la feligresía de la Arquidiócesis

Desde el inicio del proceso del Sínodo, se le ofreció la oportunidad a cada feligrés de la Arquidiócesis de participar en la formación de la agenda para el Sínodo. Las Consultas Parroquiales se condujeron en dos momentos, el primero en octubre y noviembre del 2001. Esta Primera Consulta Parroquial se enfocó en la pregunta: "¿Mientras miramos hacia adelante, cuáles son las áreas más importantes en que la Iglesia se debe interesar?"

Día de discernimiento: Se categorizan los asuntos y se proponen títulos

La información reunida en la Primera Consulta Parroquial o "Sesión de Diálogo" se organizó bajo cinco esquemas generales a través de un proceso de oración y discernimiento que nos condujo a un "Día de Discernimiento" que se llevó a cabo en febrero de 2002 en el Centro Claretiano de Los Ángeles. Entre los participantes estaban los miembros del Equipo Coordinador del Sínodo, los miembros de la Comisión Preparatoria del Sínodo, y otros que fueron invitados por su sabiduría y experiencia pastoral. Los cinco esquemas identificados se formularon como "llamados" o "retos" para la Iglesia de Los Ángeles bajo los títulos: Llamados a la Formación en el Discipulado, Llamado a la Santidad, Llamados al Liderazgo en la Iglesia, Llamados a la Administración de los Talentos, y Llamados a Testimoniar a Cristo en el Mundo.

La segunda Consulta Parroquial, se llevó a cabo entre marzo y junio del 2002, y se enfocó en la pregunta, "¿Qué se debe hacer para dirigir el llamado y los objetivos identificados en la Primera Consulta Parroquial?" Aunque no fueron presentados en forma de propuestas, los resultados de este proceso de consulta se reunieron en forma de 769 sugerencias específicas, organizadas bajo 27 categorías o temas. Cuarenta y cinco (45) de las 769 sugerencias fueron identificadas como "las reportadas con más frecuencia". Estos temas o sugerencias se convirtieron en la agenda para las cinco Asambleas Regionales del Sínodo.

SEGUNDA CONSULTA PARROQUIAL: LA FELIGRESÍA DE LA ARQUIDIÓCESIS PROPONE ESTRATEGIAS

Las Asambleas Regionales del Sínodo se celebraron en dos sesiones durante los meses de octubre y noviembre del año 2002, en cada una de las cinco Regiones Pastorales de la Arquidiócesis. Además de nombrar personas laicas delegadas al Sínodo, los representantes trabajaron con el reporte total producido en la Segunda Consulta Parroquial. Se les pidió que identificaran los temas sobresalientes del contenido en el reporte. Dichos temas fueron designados más tarde como "Opciones Pastorales", también se les pidió que

ASAMBLEAS REGIONALES DEL SÍNODO: SE LES DA PRIORIDAD A LOS TEMAS Y SE FORMULAN LAS PROPUESTAS

desarrollaran propuestas formales para ser consideradas en el Sínodo.

Comisión Preparatoria del Sínodo: Se escogen seis Opciones Pastorales y se aceptan 230 propuestas

De los ocho temas y 230 propuestas generadas por las cinco Asambleas Regionales del Sínodo, la Comisión Preparatoria redujo el campo a seis Opciones Pastorales y aceptó las 230 propuestas.

La Comisión de Redacción y el Comité Editor: Se crea el primer borrador de los documentos del Sínodo

En diciembre del 2002 se establecieron la Comisión de Redacción y la Comisión Editorial para desarrollar los textos del Sínodo basándose en las seis Opciones Pastorales y las 230 propuestas que surgieron de las cinco Asambleas Regionales del Sínodo. La tarea de la Comisión de Redacción fue desarrollar declaraciones teológicas para explicar y apoyar cada una de las seis Opciones Pastorales y para hacer un borrador de una introducción general que pondría al Sínodo dentro del contexto social, religioso y eclesial del momento. La responsabilidad del Comité Editor fue combinar correctamente y editar las 230 propuestas, muchas de las cuales compartían las mismas ideas, para que su substancia e intención se comprendieran clara e indudablemente. Además, dentro de cada propuesta se debían hacer distinciones entre las metas y las estrategias para lograrlos. Al mismo tiempo, se les pidió al Cardenal y a los Obispos Regionales que implementaran áreas de preocupación para la Arquidiócesis que no estuvieran contenidas en las seis Opciones Pastorales. El Equipo Coordinador y la Comisión Preparatoria del Sínodo revisaron y aprobaron los textos desarrollados por la Comisión de Redacción y por el Comité Editorial antes de distribuirlos a los representantes presentes en las Asambleas Regionales.

En abril del 2003, se llevó a cabo una Reunión Pre-Sinodal en la Escuela Secundaria de Notre Dame en Sherman Oaks, a la que asistieron representantes que habían estado en las cinco Asambleas Regionales del Sínodo. En esta Reunión Pre-Sinodal, los representantes fueron invitados a revisar el borrador actual del documento del Sínodo producido por la Comisión de Redacción y el Comité Editor, y para ofrecer sugerencias y hacer preguntas acerca de la claridad y presentación de las propuestas. Fueron cuatrocientas cincuenta y cinco (455) las sugerencias que se recibieron por escrito.

REUNIÓN PRE-SINODAL: SE HACE LA CRÍTICA DEL PRIMER BORRADOR Y SE HACEN RECOMENDACIONES

La nueva Comisión Editorial, que reemplazó al previo Comité Editorial, y el Comité de Redacción recibieron el encargo de examinar estas 455 sugerencias para más revisiones del borrador del documento. Juntas las dos comisiones trabajaron para producir el segundo borrador del documento del Sínodo, compuesto de seis Opciones Pastorales, cuarenta y tres (43) metas y noventa y siete (97) estrategias. Este segundo borrador fue enviado a todos los delegados en preparación para la primera sesión del Sínodo.

LA COMISIÓN DE REDACCIÓN Y LA COMISIÓN EDITORIAL: SE CREA EL SEGUNDO BORRADOR DEL DOCUMENTO DEL SÍNODO

El viernes 16 de mayo de 2003 con una Liturgia de Apertura celebrada por el Cardenal Mahony en la nueva Catedral de Nuestra Señora de Los Ángeles se convocó el Noveno Sínodo. Después de un discurso inaugural dado por el Padre Robert Schreiter, CPPS, profesor de la Unión Católica de Teología en Chicago y en la Universidad de Nimegan, las personas delegadas al Sínodo comenzaron sus primeras discusiones de las 43 metas en el documento Sinodal y las 97 estrategias

PRIMERA SESIÓN DEL SÍNODO: LAS PERSONAS DELEGADAS COMIENZAN A INDICAR LAS METAS Y LAS ESTRATEGIAS Y OFRECEN CRÍTICAS DEL SEGUNDO BORRADOR DEL DOCUMENTO

enumeradas en el último borrador de dicho documento. Al día siguiente, sábado 17 de mayo, los delegados presentaron por escrito sus intervenciones para la revisión del texto y participaron en la primera votación para determinar si las personas delegadas deseaban aceptar, no aceptar, o modificar las metas y estrategias individuales como se les presentaron. A las personas delegadas que deseaban modificar una meta o estrategia particular se les pedía presentar por escrito una intervención declarando su interés.

COMISIÓN EDITORIAL Y LA COMISIÓN DE REDACCIÓN: SE CREA EL TERCER DOCUMENTO DEL SÍNODO

Cuatrocientas cincuenta y ocho (458) intervenciones fueron sometidas a la Comisión Editora y a la Comisión de Redacción por escrito para considerarlas al producir el tercer borrador del documento del Sínodo. Cada intervención escrita fue cuidadosamente considerada para incluirla en el borrador revisado de acuerdo a una serie de once criterios. El tercer borrador fue organizado de acuerdo con las seis Opciones Pastorales y el contenido se consolidó en su diecinueve (19) metas y ciento cinco (105) estrategias. Las metas y las estrategias que ya estaban en su lugar o en proceso de implementación en la Arquidiócesis se eliminaron del tercer borrador revisado, y las que se consideraron fuera de la competencia del Sínodo fueron retiradas a una sección aparte del documento.

SEGUNDA SESIÓN DEL SÍNODO: SEIS OPCIONES PASTORALES, NUEVE PRIORIDADES PASTORALES Y CATORCE ESTRATEGIAS PASTORALES SON SELECCIONADAS Y APROBADAS: LAS RECOMENDACIONES FINALES SON ENVIADAS AL CARDENAL MAHONY

La Segunda Sesión del Sínodo se celebró los días 27 y 28 de junio de 2003 en el nuevo Centro de Conferencias de la Catedral. Esta sesión, que comenzó la tarde del viernes con un servicio de oración, incluyó discusiones individuales de cada una de las 19 metas y un proceso de voto para reducir el número de estrategias que se llevarían a votación al día siguiente. El sábado 28 de junio la Directora del Sínodo explicó el procedimiento de votación, incluyendo el uso del sistema electrónico de respuesta de la audiencia. Este sistema permitió que todas las personas presentes en la sesión pudieran ver inmediatamente los resultados de la votación y también permitió poder trabajar más rápidamente para la selección final de metas y estrategias para los delegados del Sínodo. Para que una propuesta pasara, ya fuera una meta o una estrategia se requirió el 67% de los votos. Cuando se llamó para un voto de procedimiento fue requerido el 51% para que pasara. Al final del Sínodo, seis Opciones Pastorales, nueve Prioridades Pastorales (anteriormente designadas como "metas"), incluyendo dos Prioridades de segundo nivel, y catorce Estrategias Pastorales fueron formalmente aprobadas por los delegados y enviadas al Cardenal Mahony para su acción.

Conclusión del Sínodo

Al recibir las decisiones y las recomendaciones del Sínodo, el Cardenal nombró a los miembros de la Comisión de los Documentos Finales del Sínodo encabezada por él mismo. A finales de julio la Comisión redactó el borrador final del Documento del Sínodo que presentó formalmente al Cardenal para su consideración.

COMISIÓN DEL DOCUMENTO FINAL DEL SÍNODO: SE FINALIZA EL DOCUMENTO DEL SÍNODO Y SE LE PRESENTA AL CARDENAL MAHONY

El sábado 6 de septiembre del año 2003, en la Catedral de Nuestra Señora de Los Ángeles, el Cardenal Rogelio M. Mahony ratificó el trabajo del Noveno Sínodo de Los Ángeles y, con su firma, promulgó los decretos y la legislación del Sínodo.

EL CARDENAL MAHONY PROMULGA EL DOCUMENTO DEL SÍNODO

Cronología del Sínodo

2000

Abril

El Sínodo de 2000–2003 fue convocado por
el Cardenal Mahony en *Hagan lo Mismo que Yo Hice con Ustedes*,
Una Carta Pastoral sobre el Ministerio

Noviembre

Se estableció la Oficina del Sínodo, se nombró como
Directora a la Hermana Marilyn Vollmer, SSM

Diciembre

Se estableció el Equipo Coordinador

La Directora del Sínodo reportó al Equipo Coordinador
los resultados de las reuniones con diversos grupos
de la Arquidiócesis

2001

Enero

El Cardenal Mahony aprobó la Oración del Sínodo
escrita por el Dr. Michael Downey

Se aprobaron las metas y las reglas de planificación
para el Sínodo

Marzo

Se estableció la Comisión Preparatoria

Abril

El Equipo Coordinador aprobó la compra del sistema
de traducción para facilitar la participación
de las personas delegadas que no hablan inglés

Junio

La Comisión Preparatoria se organizó en cinco comités
de trabajo con asignaciones específicas

Liturgia/Oración: Padre Kevin McCracken, CM/Oscar Pratt

Manera de Escoger a los Representantes:
Dan Schwala/Mike Lynch

Educación/Formación: Jan Galla/Frank Ponnet

Más Allá de los Muros de la Iglesia:
Paul Catipon/Liliana Hsueh-Gutiérrez

Comité de Tecnología: Eric Stoltz/Charles Aikins

Se finalizaron las reglas para los oyentes invitados
a las Consultas Parroquiales

Septiembre

Se llevó a cabo la formación de las personas moderadoras
y de las encargadas del trabajo de secretaría
para la Primera Consulta Parroquial

Se recibieron las cartas del Nuncio Apostólico
y del Secretario de Estado del Vaticano que acreditan
al Sínodo Arquidiocesano de Los Ángeles

El domingo 30 de septiembre fue declarado
en todas las parroquias el inicio oficial del Sínodo

Octubre – Noviembre

Se llevó a cabo la Primera Consulta Parroquial
en la Arquidiócesis

2002

Enero – Febrero

Se escogieron las personas representantes que irían
a las Asambleas Regionales

Febrero

Se publicaron los resultados de la Primera Consulta Parroquial

El 23 de febrero se llevó a cabo un Día de Discernimiento
para escoger los temas generales del Sínodo
en el Centro Claretiano de Los Ángeles

Marzo

Se organizaron reuniones de Orientación/Formación
para las personas representantes de las parroquias
en preparación para la Segunda Consulta Parroquial

Marzo – Junio

Tuvo lugar la Segunda Consulta Parroquial

Junio

Usando el método de la Segunda Consulta Parroquial todos los
empleados de la Arquidiócesis se reunieron en un Mini-Retiro

Octubre – Noviembre

Tuvieron lugar las cinco Asambleas Regionales

Diciembre

Se estableció la Comisión de Redacción, presidida
por el Dr. Michael Downey

Se estableció el Comité de Edición, presidido por el Padre
Albert Bahhuth y el Diácono David Estrada

Diciembre 2002–Enero 2003

Se seleccionaron las personas delegadas al Sínodo

2003

Febrero

Se estableció la Comisión Editorial,
presidida por el Señor Obispo Edward Wm. Clark

Marzo

Se definió el procedimiento para la Reunión Pre-Sínodo

Abril

Se llevó a cabo la Reunión Pre-Sínodo (5 de abril)
en la Escuela Secundaria Notre Dame en Sherman Oaks

Se enviaron las invitaciones a los representantes de las
diferentes fes que participarían como observadores

Mayo

Se llevó a cabo la Primera Sesión del Sínodo (16–17 de mayo)
en el Centro de Conferencias de la Catedral

Junio

Se llevó a cabo la Segunda Sesión del Sínodo
(27–28 de junio) en el Centro de Conferencias de la Catedral

Julio

Presidida por el Cardinal Mahony se estableció la Comisión encargada de la elaboración del Documento Final del Sínodo

Septiembre

Se celebró la Tercera Sesión del Sínodo (6 de septiembre) en la Catedral con la Misa conclusiva y se promulgó el documento Final del Sínodo

Ser y Construir el Cuerpo de Cristo: El Sínodo

Febrero del 2003

Mis Hermanas y Hermanos en la Arquidiócesis de Los Ángeles:

Nadie necesita que se le recuerde, que estos tiempos son difíciles, penosos y desafiantes para la Iglesia de Los Ángeles—y para toda la Iglesia Católica en los Estados Unidos.

Yo sé que algunos, quizá muchos de los fieles de nuestra Arquidiócesis están desalentados y también airados. Escándalos sin precedente, relacionados con sacerdotes envueltos en abusos y mal comportamiento sexual, obvias e inescrutables decisiones tomadas por los Obispos y líderes de la Iglesia, así como un buen número de asuntos correlativos, que claman ser atendidos y actuados, han desalentado a muchos de mis hermanos y hermanas.

Mientras que permanecemos un solo Cuerpo en Cristo, hay tensiones reales entre nosotros; hay heridas profundas. A causa de esas tensiones y heridas, algunos miembros de la Iglesia de Los Ángeles, sin duda, visualizan el ya próximo Sínodo, con un cierto escepticismo, incluso con espíritu crítico. Algunos han juzgado que yo ya decidí la agenda para el Sínodo y que estoy dirigiendo tanto el proceso como sus resultados. Porque esto no es verdad, creo, sin embargo poder entender tales actitudes y sentimientos.

En el último año, todos nosotros en la Iglesia, hemos sido retados a enfrentarnos a la frágil condición del hombre, a nuestras limitaciones humanas, y con ello, a las limitaciones de la misma Iglesia. Tal vez, ésta es la gracia que nos ha sido ofrecida en medio de tantas tribulaciones sin precedentes durante el año pasado. Ahora vemos con mayor claridad que antes, que prevalece más nuestra habilidad para herir que para sanar, para criticar que para estimular, más para defendernos que para abrirnos a una auténtica escucha y una verdadera comunicación, para dividir mas bien que para unir.

Con fe y esperanza hemos continuado con nuestras Sesiones de Diálogo y con las Asambleas Regionales del Sínodo a lo largo del año pasado. Esto ha sido de nuestra parte un paso audaz. Muchos lo han juzgado de ligero y frívolo como para poder comprometer en el proceso en estos tiempos de crisis. Pero hemos experimentado a lo largo de estas dificultades, que a pesar de ser este un tiempo penoso, está, sin embargo, enriquecido de muchas promesas. El reto más apremiante que tenemos, y que yo he propuesto, es actualizar nuestro potencial dado por Dios, para ser y construír el Cuerpo de Cristo, la Iglesia, en este momento de nuestra historia. Es este reto, el que me impulsa a escribirles, a los fieles, a los sacerdotes y a los religiosos de la Arquidiócesis, primero como su hermano en la fe y luego como su Arzobispo.

Mientras no entendamos con más claridad lo que significa la igualdad entre los miembros de la Iglesia, el respetar nuestra dignidad común como discípulos de Jesucristo mediante nuestro

Bautismo, seguiremos oponiendo resistencia al llamado del Espíritu, que nos mueve mas allá de nuestros intereses y preocupaciones personales, para dirigirnos hacia las tareas urgentes que ahora se nos están presentando. Sin ésta comprensión, sin un respeto mutuo a la misión común que tenemos como discípulos de Jesucristo, mediante el don del Espíritu, la promesa de una renovada y vibrante Iglesia, permanecería incumplida.

Después de orar y de una considerada reflexión, permítanme ahora decirles lo que yo creo que es necesario hacer para ser más plenamente el Cuerpo de Cristo aquí y ahora. Lo que enseguida pretendo decirles, lo digo con el conocimiento de nuestro amor compartido por la Iglesia de Los Ángeles y de nuestro compromiso común con el Evangelio de Jesucristo. A pesar de algunas diferencias penosas y tensiones reales, somos, sin embargo, un solo pueblo, una comunidad de fe fundada en la constante bondad de Dios y en la misericordia revelada en Cristo Jesús mediante la presencia y el poder del Espíritu Santo. Somos un pueblo de esperanza duradera, aún y especialmente cuando las circunstancias los lleven a algunos a decir, que nuestra confianza en el futuro es absurda. Con la gracia de Dios, somos un pueblo que se esfuerza en amar, particularmente a nuestros enemigos y en especial a aquellos que nos han traicionado—así como Jesús amó. No necesitamos que se nos recuerde constantemente que nuestra fe, esperanza y amor no han cumplido su cometido. Conocemos muy bien nuestras limitaciones. Por ello, esta toma de conciencia nos invita a mantener nuestros mejores esfuerzos para ser y construir el Cuerpo de Cristo, a pesar de que no lo podamos lograr perfectamente.

Es claro para mí, su hermano en Cristo, que el Espíritu de Dios nos está llamando a fomentar un nuevo espíritu de mutua confianza y de apertura, si queremos avanzar hacia adelante en este nuevo siglo, tiempo claramente lleno de peligros y de grandes promesas—con esperanza, valentía, integridad y responsabilidad.

Especialmente, desde el Concilio Vaticano Segundo, la Iglesia ha reconocido que la sabiduría de Dios debe ser descubierta en los corazones, en la vida de los fieles, en el pueblo de su propiedad: en el Pueblo de Dios, el Cuerpo de Cristo. Nosotros creemos esto, nosotros lo enseñamos, pero no estoy muy seguro, si siempre hemos actuado convencidos de ello. Nosotros, los líderes de la Iglesia, por ejemplo, no siempre hemos escuchado con suficiente cuidado la experiencia de los feligreses que luchan por orientar su vida de fe en una sociedad violenta, competitiva y materialista; a padres de familia que se esfuerzan por educar a sus hijos en una cultura que trivializa la importancia de la educación, y muestra muy poco respeto por la vida humana; a los jóvenes y adultos jóvenes, para quienes las verdades de nuestra fé les ponen más interrogantes que ofrecerles respuestas; a nuestros mismos sacerdotes y religiosos, cuya experiencia pastoral merece ser tomada mucho más en serio.

Ser y construir el Cuerpo de Cristo requiere que nos respetemos unos a otros, porque nuestra igualdad está enraizada en nuestro propio Bautismo. Esto demanda que nos tomemos unos y otros con mucha seriedad, que profundicemos en la honestidad y la apertura de nuestras conversaciones acerca de nuestros crecientes esfuerzos para vivir el Evangelio, aquí y ahora. La misma Iglesia, en cada uno de sus miembros, debe ser una "comunión santa". Y donde hay comunión en Cristo, allí debe haber una correspondiente "santa comunicación". Con ello me refiero a que necesitamos tener un profundo respeto, una verdadera reverencia unos para con otros, para poder tener realmente una confianza recíproca, especialmente cuando hablamos y escuchamos, cuando desafiamos y afirmamos, cuando les ofrecemos a los demás nuestras ideas, fundadas en nuestra experiencia pastoral, en las diferentes asambleas de nuestra Iglesia Local. Sin tal reverencia y confianza, sin una real apertura y honestidad, nuestro Sínodo será una gran decepción. Recordemos ahora que el Sínodo es principalmente una oportunidad para orar, dialogar, discernir y decidir. Encaremos varios factores cruciales, ahora que en el año 2003 se avecinan vitales e importantes eventos sinodales, buscando con mayor eficacia ser y construir el Cuerpo de Cristo.

I. Hablemos Honestamente

Hermanos y hermanas, en nuestras "sesiones de escucha" y en nuestras "sesiones de expresión", ustedes pudieron hablar abiertamente y manifestar sus preocupaciones y ansiedades, sus necesidades y miedos, sus talentos y su fortaleza, sus esperanzas e ilusiones. Durante este proceso, ustedes han alcanzado un mejor conocimiento, sobre como sienten y piensan otros católicos de la

Arquidiócesis, respecto de la situación presente de nuestra Iglesia Local y de su futuro. Desde luego, cada vez que hablamos desde el corazón, nos volvemos vulnerables. Algunos no sabrán interpretar nuestros esfuerzos en ser fieles al Evangelio. Otros nos juzgarán equivocadamente, criticándonos en aquello que ellos consideran ser una deslealtad a la institución de la Iglesia. Más aún, otros van a rechazar lo que decimos, porque eso les parecerá una amenaza a su seguridad espiritual, a su sentido eclesial. No obstante todos estos riesgos, nos encontramos frente a una coyuntura de nuestra historia que requiere ambas cualidades, una honesta y humilde expresión verbal, así como también una actitud respetuosa de escucha. Mientras colaboramos planeando juntos nuestro futuro, elaboramos nuestras Prioridades Pastorales y establecemos nuevas estructuras de participación, de responsabilidad y de gobierno en nuestra Arquidiócesis. Esta clase de comunicación, lo sabemos todos, requiere de un desgaste considerable de energía y nos exige una mayor audacia. No hay duda de que hay una cierta desilusión, un cierto sentimiento de frustración en nuestra Iglesia Local de parte de algunos católicos, que han tratado de hablar honesta y abiertamente en el pasado, y quienes creen no haber sido escuchados atentamente, o no han sido tomados en cuenta seriamente. Yo los exhorto a todos y a cada uno: ¡No pierdan el ánimo! Los invito a que mantengamos el valor para hablar de nuevo confiadamente, a que escuchemos con esperanza una vez más, y que confiemos que nuestra voz será escuchada.

Respecto a ello, es de capital importancia reconocer, que no todo lo que quisiéramos hacer ahora por el bien de la Iglesia, es posible. Hay varias preguntas cruciales que han surgido, tales como la admisión de las mujeres a las órdenes sagradas, o la posibilidad de reintegrar en el ministerio activo a los sacerdotes casados, o la dispensa de la disciplina sacerdotal del celibato. Porque estoy convencido de que estos temas son de suma importancia para la Iglesia de hoy, no pueden ser resueltos a un nivel de Iglesia Local. Sin embargo, tenemos ciertos problemas y desafíos que tienen que ser discutidos y resueltos con honestidad a nuestro nivel. Necesitamos explorar nuevas posibilidades de servicio al Evangelio en nuestra Iglesia Local, mientras que trabajamos por crear cambios constructivos a un nivel más amplio, a saber, de la Iglesia universal.

Por lo demás, algunos de ustedes piensan saber lo que su Arzobispo quiere oír y lo que no quiere escuchar. Igualmente, algunos de ustedes creen saber lo que sus pastores quieren oír, o no. De cualquier modo, tales convicciones desvían; sólo el corazón valiente, se atreve a hablar. La deferencia, cuando todo está dicho y hecho, es un perjuicio para la salud y la vitalidad de la Iglesia. Desde hace mucho tiempo hemos conservado esta clase de mentalidad deferente en muchos ámbitos de la Iglesia. Esto crea, con frecuencia, una falsa tranquilidad y conduce a un correspondiente falso sentido de la unidad. Dondequiera que pongamos bloqueos a una auténtica comunicación, ya sea en las conversaciones personales, o en las Asambleas Parroquiales,

o en el proceso sinodal Arquidiocesano, la verdadera vida de la
Iglesia, como la integridad de cada uno de sus miembros, estará
comprometida. Los exhorto, por tanto, a que se dirijan a mí,
su pastor y a todos los demás, con honestidad, abiertamente
y sin temor. Cualquier otra cosa, está simplemente en discrepancia
con nuestra dignidad de cristianos. Y todo lo que de allí resulte,
vendrá a minar finalmente la fase final del Sínodo de nuestra
Arquidiócesis.

II. Escuchar con el Corazón

Si tomamos seriamente la experiencia humana, vamos a encontrar rastros de la presencia de Dios, y la verdadera sabiduría de
su Espíritu, en las alegrías y en las penas, en los éxitos y en los
fracasos de nuestra vida. El momento presente, entonces, no es
únicamente un tiempo para un discurso honesto y valeroso. Es
también un tiempo para favorecer una actitud de escucha, abierta
y respetuosa. Puede ser, que como su guía, pastor y maestro, no
siempre tomé sus experiencias de vida cristiana tan seriamente
como debí haberlo hecho. Sin duda alguna, que también algunos
de sus pastores han podido fallar, al no considerar sus experiencias, como discípulos de Jesús, tan seriamente como debieron
haberlo hecho. De verdad, que nosotros, ministros y maestros en
la Iglesia, no siempre hemos tomado nuestra propia experiencia
pastoral suficientemente en serio, para responder a las crecientes
y siempre cambiantes necesidades de nuestro pueblo. Pudimos

haber sido muy rápidos en responder a las demandantes preguntas de nuestro tiempo con respuestas estereotipadas, pero al fin, insatisfactorias. También, en alguna ocasión, los feligreses, pudieron no haber escuchado con suficiente atención los sorprendentes relatos de dudas y de fe, de esperanza y decepción, que algunos de sus compañeros parroquianos y ministros de pastoral les compartían. Dondequiera que esto haya sido verdad, imploramos el perdón unos de otros y contamos con la misericordia de Dios, quien diariamente nos brinda la oportunidad de comenzar de nuevo. Y siempre una vez más.

En la siguiente fase del proceso sinodal, en los meses que están por venir, un nuevo tipo de escucha será necesario, no únicamente deseable. En el corazón de ese saber "escuchar", está el profundo respeto por aquel que habla, así como también, la humilde convicción, de que cada uno puede aprender de los demás, y que cada uno de nosotros puede ser un instrumento del Espíritu de Dios. Vamos a crear juntos nuevas estructuras de participación, de responsabilidad y de gobierno a lo largo de toda la Arquidiócesis, de tal modo, que podamos más efectivamente llevar a cabo las Prioridades Pastorales que resulten de sus intervenciones, durante el proceso sinodal. Es necesario, y de capital importancia, avalar y seleccionar todo lo que vamos a escuchar, a través de un continuo discernimiento puesto en oración, lo cual nos conducirá a claras decisiones pastorales, teológicamente correctas. Pero antes de que lleguemos a tales decisiones, debemos primero escuchar, respetuosa y pacientemente, las preocupaciones e inquietudes, las esperanzas y las ilusiones de nuestras hermanas y hermanos, con fe, con esperanza y en el amor.

III. Reconociendo el Poder de Nuestras Palabras

Algunos, si no es que muchos de ustedes, son cautelosos de las palabras. En ciertos momentos, también yo tengo cautela de las palabras. Pero las palabras tienen el poder de realizar cambios. Necesitamos, sin embargo, palabras frescas, palabras santas, precisamente en estos tiempos de retos y de promesas. Necesitamos escuchar palabras valientes y humildes, dichas desde el fondo del corazón. Necesitamos escuchar palabras que han sido configuradas en la quietud de la oración y de la reflexión. Necesitamos escuchar palabras que son dichas sin arrogancia, con cierto grado de modestia y con medida de ensayo. Ninguno de nosotros tiene la respuesta definitiva. Nuestras palabras, después de todo, pueden ser no atinadas, o no estar en armonía con el Evangelio. Pero palabras que armonicen con el lenguaje y la lógica del Evangelio, elevarán nuestro espíritu y nos ayudarán, y le darán forma a una nueva visión para nuestra Iglesia Local. Juntos vamos a reconocer esas honestas y santas palabras. Y la asamblea del pueblo de Dios responderá, "¡Amén!"

Lozanas, honestas, e inspiradas palabras necesitan caer en oídos abiertos y confiados. Como nuestras palabras, nuestra escucha necesita estar enraizada igualmente en el silencio de la plegaria y en una genuina apertura a las experiencias y a la visión de quienes nos hablan. Palabras que han sido expresadas una y otra vez, pueden ser repentinamente escuchadas como si fueran dichas por primera vez, sonando con una verdad que extrañábamos desde hace tiempo. Si escuchamos con el corazón, así como con nuestra mente, estoy convencido de que veremos un nuevo horizonte, una nueva dirección, por el camino que Dios nos invite a seguir caminando.

IV. Yendo Hacia Delante con Valor

La fase final del Sínodo estará encima de nosotros en un tiempo relativamente corto. El modo como nos preparemos al Sínodo, práctica y espiritualmente, es de importancia vital. Si no nos comprometemos en esta fase final, con espíritu de *oración*, de *diálogo, discernimiento* y *determinación*, caeremos en el desaliento y la entera Iglesia Local va a sufrir, como resultado de ello. Embarcados ya en el proceso sinodal, hemos asumido una noble tarea, digna de nuestros mejores esfuerzos. El desaliento minará sólo la buena voluntad y el compromiso confiado que han sido tan evidentes a lo largo del trabajo que se ha realizado, en anticipación al Sínodo. Quiera nuestra fe en Cristo y nuestra confianza en la bondad fundamental de unos para con otros, rechazar todo desaliento de nuestros corazones.

Hermanos y hermanas, no tenemos nada que temer. Cristo nos ha prometido la sabiduría y la fortaleza del Espíritu hasta el final. Ésta es la esperanza, en la que estamos agarrados. Ésta es nuestra firme convicción. Cuando hablemos con franqueza y nos escuchemos sin mutuos prejuicios en los meses que se avecinan, debemos invocar al Espíritu Santo, que habita en el interior de cada uno. Sin un genuino espíritu de escucha y de expresión, vivido desde el corazón de la oración, todo lo que nos digamos unos a otros y todo lo que oigamos decir de labios de otros, nos va a dividir, antes que unirnos.

* * *

Acojamos juntos este tiempo de promesa y expectación. Sí, hay un gran riesgo con esta clase de apertura y confianza que estoy pidiendo aquí. Pero si permanecemos, como usualmente acostumbramos, se corre un riesgo mucho mayor, a causa de la falta de valor, del aletargamiento, o la falta de interés. Es por ello que los exhorto a que, desde la oración, reflexionen sobre su experiencia como miembros del Cuerpo de Cristo en esta Iglesia Local de Los Ángeles. Escuchemos amorosamente a nuestras hermanas y hermanos, para luego hablar con arrojo y humildad la verdad en el amor, por amor a Cristo, en su Iglesia. ¿Te atreverás a confiar, junto conmigo—sin dudarlo—en la presencia y en el poder del Espíritu de Cristo, el amor que nos ha sido dado a cada uno, para la vida del mundo?

Cardenal Rogelio M. Mahony
Arzobispo de Los Ángeles

Otras Opciones Pastorales y Estategias Consideradas por el Sínodo

El Sínodo de Los Ángeles trabajó en un proceso de identificación, refinamiento y selección, siendo el resultado de éste seis Opciones Pastorales, nueve Prioridades Pastorales (siete de primera importancia y dos de segunda importancia), y catorce Estrategias Pastorales de la mayor importancia para toda la Arquidiócesis de Los Ángeles. Este proceso que fue consistente en cada una de las etapas del desarrollo del Sínodo, se realizó siempre en un ambiente de oración, diálogo, discernimiento y decisión.

En la sesión final de trabajo del Sínodo, se les pidió a las personas delegadas que se concentraran en una selección de Prioridades y Opciones Pastorales que comprendieran el producto final del proceso sinodal. Esta selección se hizo de una proposición que consistía en diecinueve prioridades y cincuenta y una opciones que fueron identificadas y refinadas a través de todas las etapas primeras de los procedimientos sinodales.

Fue voluntad de las personas delegadas que las prioridades y opciones que no fueron adoptadas como parte del trabajo final del Sínodo no se desecharan. Ninguna fue votada como inservible, por el hecho de que cada una había llegado al Sínodo habiéndose seleccionado de entre cientos de posibilidades inicialmente presentadas, y entonces cuidadosamente examinadas y habiéndose trabajado con cada una de ellas por medio de un proceso largo de selección y refinamiento. Más aún, de la balota total las prioridades y estrategias de mayor importancia fueron votadas y aceptadas como el trabajo final del Sínodo.

Más abajo son presentadas las Prioridades Pastorales y las Opciones Pastorales que no fueron escogidas en el proceso final de selección. Sin embargo, son consideradas no solamente como un valioso reflejo de las preocupaciones de las personas que componen la Arquidiócesis de Los Ángeles, sino también como un depósito muy valioso de ideas que merecen ser consideradas nuevamente en el futuro, por cada parroquia, por los decanatos y las Regiones Pastorales.

Evangelización y "La Nueva Evangelización"

PRIORIDAD PASTORAL

La evangelización, incluyendo la "nueva evangelización" es la prioridad central de todo el ministerio de la Iglesia dentro de la Arquidiócesis.

ESTRATEGIAS PASTORALES

- Se ha de elaborar un programa de entrenamiento en cada Región Pastoral para asistir a las parroquias en sus esfuerzos evangelizadores.

- La celebración de la liturgia dominical se ha de reconocer como la fuente principal de evangelización y catequesis para revitalizar la vida de la comunidad, a la hora de elaborar los programas parroquiales de evangelización.

- Se ha de desarrollar un Comité Regional de Evangelización en cada Región Pastoral para guiar a las parroquias en sus esfuerzos evangelizadores.

- Las parroquias han de educar y ayudar a los padres y madres de familia a llevar a cabo su principal responsabilidad en la formación religiosa y moral, y en la educación de sus familias, proporcionándoles recursos tales como oraciones sencillas e historias tomadas del Evangelio.

- En la elaboración de los programas parroquiales de "nueva evangelización", han de participar todos los grupos importantes de la parroquia, tales como: la escuela parroquial, los programas de educación religiosa, las personas jóvenes y jóvenes adultas.

- Se han de desarrollar, en el ámbito parroquial, pequeñas comunidades, incluyendo "Comunidades Cristianas de Base" en donde se pueda compartir la fe.

- Se ha de establecer, en cada parroquia, un ministerio de hospitalidad que dé la bienvenida a todas las personas visitantes, a las recién llegadas, a las no practicantes y a las marginadas.

Estructuras de Participación y Responsabilidad

PRIORIDADES PASTORALES

Para servir mejor las necesidades de las personas católicas en las comunidades locales, se le ha pedido al Señor Arzobispo que inicie un proceso de reconfiguración de las parroquias y de sus estructuras administrativas.

Se han de desarrollar, implementar y reforzar, en cada parroquia, las estructuras que propicien la participación del laicado en todas las áreas de la vida parroquial.

ESTRATEGIAS PASTORALES

- Se han de crear e implementar estructuras por las que el clero rinda cuentas de su responsabilidad ministerial (que de cuenta de su gestión ministerial).

- Se ha de implementar en cada parroquia un activo consejo parroquial que funcione de acuerdo a las Normas Arquidiocesanas.

- Las parroquias han de proporcionar recursos para el continuo entrenamiento espiritual y teológico de sus ministros laicos.

- Se han de establecer procesos a nivel Regional que ayuden a las parroquias que pasan por momentos de cambio de gobierno, de organización, de cuidado pastoral, de las personas empleadas y de ministerio.

- Se han de crear estructuras apropiadas que permitan la participación del clero, religiosos y laicos en procesos de consulta y de toma de decisiones a nivel del decanato.

- Se ha de requerir a cada parroquia que haga una declaración de misión y que presente un plan pastoral establecido, que sea evaluado y renovado periódicamente de acuerdo con las Normas Arquidiocesanas.

- Se ha de organizar un Consejo Pastoral Arquidiocesano que sea representativo de la diversidad demográfica Arquidiocesana.

- Cada párroco o Director Parroquial ha de incluir representantes del laicado en los continuos procesos de consulta, de colaboración y de toma de decisiones, para ser después revisados y evaluados.

Formación y Educación Continua

PRIORIDADES PASTORALES

A nivel Arquidiocesano, y después de haber realizado una amplia consulta, se ha de crear e implementar un plan progresivo de educación y formación para las personas católicas adultas.

Se ha de establecer un programa efectivo para el ministerio de personas jóvenes adultas por toda la Arquidiócesis, prestando la debida atención a sus necesidades espirituales, y que tenga apoyo financiero.

En cada parroquia o agrupación de parroquias se han de establecer efectivos programas para el ministerio juvenil con atención a las necesidades espirituales propias de la juventud y con el apoyo financiero necesario.

ESTRATEGIAS PASTORALES

- A quienes enseñan religión en cualquiera de las instituciones o programas de la Arquidiócesis, se les ha de requerir que tengan la adecuada certificación y que demuestren de antemano su conocimiento y experiencia.

- Las escuelas católicas Arquidiocesanas, parroquiales y privadas, que mantienen y fomentan una fuerte identidad católica, se han de apoyar y conservar.

- Se han de poner en marcha centros para la educación y renovación espiritual de personas adultas en cada Región Pastoral.

- Los programas juveniles parroquiales han de hacer un esfuerzo deliberado de acercamiento a las personas jóvenes después que han recibido la confirmación.

- El *Rito de Iniciación Cristiana para Adultos* (RICA) se ha de implementar plena y consistentemente por toda la Arquidiócesis.

- Las parroquias han de facilitar que las personas jóvenes participen más en la vida parroquial.

- Se ha de estimular, a nivel parroquial, a las personas jóvenes adultas a que participen activamente en la amplia gama de ministerios parroquiales.

- Se ha de constituir, en cada Región Pastoral, una "Mesa de Consejo para el Ministerio Juvenil".

PRIORIDADES PASTORALES

En todos los niveles de la Arquidiócesis, se ha de dar reconocimiento en el liderazgo a la diversidad con respecto al género masculino o femenino, al grupo étnico y a la vocación eclesial.

A nivel Arquidiocesano, se ha de reforzar el Programa del Diaconado Permanente para satisfacer las necesidades de la Iglesia Local.

En todos los niveles de la Arquidiócesis hay que tratar el urgente asunto de la escasez de vocaciones al sacerdocio y a la vida consagrada, en lo que se refiere al reclutamiento, discernimiento y formación, para satisfacer las necesidades de la Iglesia Local.

ESTRATEGIAS PASTORALES

- Se han de incluir representantes de los grupos étnico-culturales en todos los aspectos del liderazgo, administración y ministerio de la Iglesia.

- Se ha de buscar e invitar a futuros sacerdotes y religiosos y religiosas a que participen en el proceso del desarrollo de programas vocacionales a nivel decanato.

- Se ha de incrementar el número de candidatos calificados que son aceptados en el Programa del Diaconado Permanente.

- Se ha de definir claramente la autoridad, funciones, responsabilidades y deberes (dar cuentas de la gestión) de los ministros laicos.

N.B.: Las dos Prioridades Pastorales presentadas bajo esta Opción Pastoral fueron adoptadas por las personas delegadas al Sínodo.

ESTRATEGIAS PASTORALES

- En cada Región Pastoral se ha de crear e implementar un plan al servicio de la distribución de sacerdotes y del horario de las misas, para garantizar a las personas católicas la oportunidad de participar en la celebración dominical de la Eucaristía.

- Cada parroquia ha de asignar tiempo adecuado y ha de tener un presupuesto de recursos para planificar y realizar liturgias efectivas a nivel parroquial.

- Las asambleas locales han de recibir una educación renovada sobre la misa siguiendo las Normas Arquidiocesanas para una efectiva celebración de la Eucaristía.

- Se ha de establecer un comité litúrgico en cada parroquia de acuerdo a las normas establecidas por la Arquidiócesis.

- Se ha de elaborar e implementar un plan, basado en normas adecuadas proporcionadas por la Arquidiócesis y llevadas a cabo dentro de cada decanato, para facilitar la celebración diaria de la misa y otros servicios eucarísticos para cubrir las razonables expectativas de los fieles.

PRIORIDAD PASTORAL

Se han de movilizar esfuerzos de justicia social en todos los niveles de la Arquidiócesis.

ESTRATEGIAS PASTORALES

- Se han de garantizar unos fondos básicos (mínimos) a cada parroquia para gastos operativos (por ejemplo, una "cantidad básica").

- Se han de coordinar los esfuerzos entre las parroquias de cada Región Pastoral para poder alcanzar las prioridades establecidas en el orden de justicia social.

- La organización de la comunidad ha de ser considerada como un aspecto integral del ministerio parroquial.

- Las parroquias han de establecer un ministerio que se preocupe deliberadamente por servir a los feligreses y otras personas con necesidades particulares, ya sea directamente o encaminándolos hacia los servicios sociales adecuados.

- A las parroquias más pobres se les han de proporcionar recursos económicos y un estándar mínimo para el desarrollo, restauración y mantenimiento de la propiedad.

La Creación de una Nueva Iglesia Particular

Al principio del Sínodo Arquidiocesano de Los Ángeles, desde la primera serie de consultas parroquiales en octubre y noviembre de 2001, una cuestión de particular interés para un cierto número de feligreses de la Región Pastoral de Santa Bárbara fue la posibilidad de establecer una iglesia particular, específicamente una diócesis, en la parte norte de la actual Arquidiócesis.

Este asunto siguió siendo un tema constante durante el proceso del Sínodo y se llegó a una propuesta específica la cual fue considerada en la última sesión. La propuesta fue la siguiente: "Se pide al Arzobispo que haga la petición a Roma para que la Región Pastoral de Santa Bárbara se convierta en una nueva diócesis".

Esta propuesta fue formulada principalmente como una preocupación regional de los feligreses que viven en el sector norte de la Arquidiócesis. Sin embargo, para darle la seriedad necesaria, se decidió que dicha propuesta se sacara de la votación del Sínodo y se dirigiera directamente al Arzobispo para su consideración y la implementación según los procesos canónicos establecidos.

El Código de Derecho Canónico legisla sobre iglesias particulares en los cánones 368–374. El canon 368 describe varios tipos de iglesias particulares, define una diócesis en el canon 369, y legisla la autoridad competente para establecer una iglesia particular en el canon 373: "Erigir iglesias particulares es competencia exclusiva de la autoridad suprema de la Iglesia".

Aunque la petición en sí es apropiada al trabajo Sinodal, más discusiones o investigaciones sobre este asunto sobrepasan el alcance y competencia del Sínodo Arquidiocesano y al Arzobispo de Los Ángeles, y pertenece específicamente a la Santa Sede. El Señor Arzobispo ha aceptado dirigir esta propuesta a quienes tienen la autoridad competente en la Santa Sede.

Miembros de los Equipos del Sínodo

El Equipo Coordinador

Cardenal Rogelio M. Mahony
Obispo Edward Wm. Clark
Obispo Thomas J. Curry
Doctor Michael Downey
Hermana Mary Elizabeth
    Galt, BVM

Monseñor Bernard Leheny, VE
Hermana Cecilia Louise
    Moore, CSJ
Padre Alexander Salazar

Obispo Joseph M. Sartoris
Monseñor Lloyd Torgerson
Monseñor Royale M.
    Vadakin, VG
Obispo Gerald Wilkerson
Obispo Gabino Zavala

El Equipo Ministerial del Sínodo

Alicia Hernández
Sandra Herrera

Elizabeth Owens
Hermana Myra Smith, SSM

Hermana Marilyn Vollmer,
    SSM, Directora

La Comisión Preparatoria del Sínodo

Cardenal Rogelio M. Mahony
Charles Akins
Padre Albert Bahhuth
Padre William Bonner
Yolanda Scott Brown
Elizabeth Campo
Jorenz Campo
Obispo Edward Wm. Clark
Obispo Thomas J. Curry
Diácono Allan Doane
Padre Jarlath Dolan
Monseñor Timothy Dyer, VF
Diácono David Estrada
Veronica Gray
Monseñor Helmut A. Hefner
Liliana Hsueh-Gutiérrez

Delia Johnson
Padre Michael E. Kennedy, SJ
Jim Lank
David Lara
Monseñor Bernard Leheny
Michael P. Lynch
Veronica Marchese
Nancy McAvoy
Padre Kevin McCracken, CM
R-lene Mijares de Lang
Hermana Mary Milligan, RSHM
Ida Miranda
Angie Muñoz
David Muñoz
Kim-Oanh Nguyen
Diácono Matthew Van Nguyen

Connie Ochoa
Dawn Ponnet
Frank Ponnet
Oscar Pratt
Yvonne Rivera-Huitrón
Erik Rubalcava
Obispo Joseph M. Sartoris
Dan Schwala
Monseñor Alexei Smith
Hermano Anthony
    Smulders, CFMM
Eric Stoltz
Monseñor Lloyd Torgerson
Hermana Marilyn Vollmer, SSM
Obispo Gerald Wilkerson
Obispo Gabino Zavala

El Comité de Edición

Padre Albert Bahhuth,
    Co-presidente
Diácono David Estrada,
    Co-presidente

Hermana Angela
    Hallahan, CHF
John Michael Hornales

Mary M. McCullough
Hermana Marilyn Vollmer, SSM
Carolyn Wallace

La Comision Editorial

Joy Chen
Obispo Edward Wm. Clark,
   Presidente
	Diácono David Estrada	Hermana Angela Hallahan,
		   CHF

La Comisión de Redacción

Obispo Thomas J. Curry Doctor Michael Downey, Presidente	Hermana Mary Milligan, RSHM Padre Thomas P. Rausch, SJ Padre Alexander Salazar

La Comisión de los Documentos Finales del Sínodo

Cardenal Rogelio M. Mahony,
   Presidente
Joy Chen
	Obispo Edward Wm. Clark
	Doctor Michael Downey
	Claudio Ludovisi
		Hermana Rose Pacatte, FSP
		Hermana Edith Prendergast,
		   RSC

Comité de Traducción de los Documentos Finales del Sínodo

Ana Aguilera Padre Eugenio Cárdenas, MSpS	Joy Chen Doctor Michael Downey, Coordinador	Padre Luigi Zanotto, MCCJ

Los Delegados Regionales del Sínodo

La Región Pastoral de Santa Bárbara

Mary Braitman	Deborah L. Johnson	Padre Daniel O'Sullivan
Cathy Brudnicki	Betty Kennedy	Nancy Pérez
Monseñor Michael Bunny, VF	Richard Kimmet	Padre Luis H. Quihuis, SJ, VF
Lauren M. Burns	Peter Houston Kruse	Brandy Patrice Quinn
Diácono Richard Carmody	Lucia Lahr	Héctor Reyes
Padre Rizalino Carranza	Padre Alberto Ledesma	Hermana Regina Robbins, SND
Obispo Thomas J. Curry	Ana Bertha López	Jorge A. Rodríguez
Diácono Allan Doane	Gretchen Lovingood	Robert V. Sánchez
Padre Jarlath Dolan	Kenneth Lovingood	Padre Lawrence Seyer
Hermana Barbara Dugan, CSJ	Michael, P. Lynch	Maggie Stapp
Doctor Anne Dunn, IHM	Eric Magaña	Hermano Hugo Stippler, OH
Mark Fischer	Angela Manzo	Hermana Mary E. Sullivan,
Monseñor John G.	Nancy McAvoy	CSC
Fitzgerald, VF	Padre Kevin McCracken, CM	Hermana Patricia Ann
Joy M. Fuller	Padre Vincent Mesi, OFM	Thompson, CSC
Diácono Alfonso A. Guilin	Patrick F. Molina	Martha Tiscareño
Jo Ann Guilin	Angie Muñoz	Padre Richard Vega
Monseñor Helmut A. Hefner	David Muñoz	Stephen P. Wiley
Diácono Jerry Heyer	Monseñor Patrick J.	Diácono Peter Wilson, Jr.
Michael Jackman	O'Brien, VF	Padre Vaughn Winters

La Región Pastoral de San Fernando

Charles Akins
Monserrat R. Allen
Fernando Baeza
Padre Albert Bahhuth
Shari Bienlein
Elizabeth Campo
Jorenz Campo
Julio A. Chow
María Luisa Guadalupe
  Contreras
Monseñor Craig A. Cox
Ruben Cu
James Dao
Hermana María Esther
  Davila, SJS
Giuliana Defilippi
Timothy C. Donahoe
Padre Austin Doran
Monseñor Stephen N. Downes
George Edgington
Padre Jaime Miguel Fee, OMI
Reneé R. Fields

Hermana Iris Flores, OCJ
Spencer French
Hermana Mary Elizabeth
  Galt, BVM
Debbie Gordon
Michael R. Hastings
Diana Hernández
Liza Jane Jardiolin
Carla Kazimir
Padre John H. Keese, VF
Ingrid Kelly
Jim Lank
David Lara
Lisa Lowe
Bianca C. Luciano
Diácono Dan McHugh
Padre Robert Milbauer
Hermana Rochelle Mitchell,
  SSS
Hermano William, C. Nick,
  CSC
Daniel Nyby

Mary A. O'Donnell
Monseñor Edmond H.
  Renehan, VF
Celso K. Roxas
Robert David Ruiz
Parker Sándoval
Diácono Bob Seidler
Hermana Donna Shanahan,
  CSJ
Padre Joseph P. Shea, VF
Jo Ann Smith
Padre Norman Supancheck
Isabel Tavares
Rafael A. Vega
Padre Arturo Velasco
José Wilfredo Villanueva
Denise Wilcox
Obispo Gerald Wilkerson
Doctor Richard Yi
Dennis H. Young
Padre Richard Zanotti, CS
Padre Valentine Zdilla

La Región Pastoral de San Gabriel

Pablo T. Bailón
Ron Baker
Hermana Catherine Marie
  Bazar, OP
Padre Patrick Brennan, CP
Hermana Elizabeth Brown, OSB
Yolanda Scott Brown
Linda Byrd
Lourdes Caracoza
Padre Michael J. Carroll
Vincent Castillo
Joy Chen
Ron Clark
Padre Francis R. Colborn, VF
Rosalie P. Corpuz
Annette Crowley
Diácono Jim Crowley
Sandra S. Dawson
María De Jesús García
Elizabeth Ebiner
Julius Ekeomodi
José Luis Elías
Padre Raymond Farré, SCHP
Rommil Fernández
Mario Fuentes
Oscar Galang

Lani Galván
María de Jesús García
Patrick Gavit
Padre Gabriel Gonzales, VF
Anna María Gutiérrez
E. Gus Gutiérrez
Anna Hamilton
Angela Howell
Liliana Hsueh-Gutiérrez
Ana C. Ibarra
Padre Robert J. Juárez
Ron Kaber
Padre Michael E. Kennedy, SJ
Hermana Timothy Marie
  Kennedy, OCD
Debby Labay
Alejandro Lizardi
Ana P. López
Monseñor James J.
  Loughnane, VF
Hermana Pauline MacDonald,
  RSHM
Mary M. McCullough
Monseñor Michael Meyers
R-lene Mijares de Lang
Padre Lorenzo Miranda

Dan Moberg
Padre Truc Nguyen
Van N. Nguyen
Mark Edward Padilla
Dawn Ponnett
Frank A. Ponnett
Monseñor Norman
  F. Priebe, VF
Padre Charles J. Ramírez
Suki S. Ramos
Dale Rideau
Yvonne Rivera-Huitron
Fernando Robles
Diácono Pedro Rojas
Hermana Claudia
  Romero, ODN
Sherri L. Saldana
Patricia Santos
Padre Juan Silva
Diácono Oscar Valeriano, Jr.
Padre Thomas Welbers
Michael T. Wells
Agnes Yu
Obispo Gabino Zavala
Hermana Marie Antonice
  Zozaya, SSND

La Región Pastoral de Nuestra Señora de Los Ángeles

Maynor A. Álvarez
Padre Pedro Amezcua, ORC
Padre Thomas C. Anslow, CM
Arpad E. Balogh, Jr.
Hermano Michael Bassemier, OH
Padre Giovanni Bizotto, CS
Janine Bobin
Padre William Bonner
Padre Charles J. Chaffman
Angela Chan
Obispo Edward Wm. Clark
Katy Clark
Hermana M. Faith Clarke, SNJM
Padre Jarlath Cunnane, VF
Doctor Michael Downey
Monseñor Timothy Dyer, VF
Joy Y. Eliseo
Lydia B. Emnace
Adriana Estrada
Diácono David Estrada
Sean Donovan Flaherty
Stacy Franklin
Gabriel García
Veronica Gray
Tanya Gutiérrez
Padre Michael D. Gutiérrez
Saúl Edgardo Guzmán
Diácono Willard J. Hall, Sr.

Hermana Angela M. Hallahan, CHF
Doctor Dorothy Hayden-Watkins
Hermana Guadalupe Hernández, ODN
Carolyn M. James
Mercedes Javier
Delia Johnson
Diácono Paulino Juárez-Ramírez
Monseñor Liam Kidney
Doctor Hak-Cheon Kim
Padre Thomas F. King
Peter S. Kwon
Sheryl M. Lange
Kim Loan Le
Augustin Lee
Phillip Lee
Monseñor Richard Loomis
Claudio Ludovisi
Padre Michael J. Mandala, SJ, VF
Hermano James Meegan, FSC
Lucas Juan Miguel
Hermana Mary Milligan, RSHM
Ida Miranda
Phyvin Mok
Edward Nagai
Khoan Nguyen
Padre Kevin Nolan, VF

Monseñor David O'Connell
Hermana Maryanne O'Neill, CSC
Oscar Pratt
Ryan Resurrección
Sylvia Mendivil Salazar
Padre Alexander Salazar
Carol P. Sanborn
María Guadalupe Sánchez
Padre Brad Schoeberle, CSP
Dan Schwala
Kelly Sellers
Hermano Anthony Smulders, CFMM
Eric Stoltz
Padre Raymond J. Tintle, OFM
LeRoy R. Titus
Monseñor Lloyd Torgerson
José Ugalde
Padre Michael Ume
Epifania Urrutia
Monseñor Royale M. Vadakin
Antonio Vallejo
Diácono Roberto L. Vásquez
Luis Villa
Diácono Ricardo Villacorta
Carolyn Wallace
Hermana Karlynn Werth, SND
Harry L. Wiley, Jr.
Maria Zdunkiewicz

La Región Pastoral de San Pedro

Jim Archer
Diácono Arturo Barragan
Monseñor John F. Barry, VF
Ken Bedes
Hermana Jane Bonar, PBVM
Primy C. Carballo
Heriberto Cayetano
Sharon Cobb-Thompson
Diácono Dick Corwin
Kristine M. De Las Peñas
Robert E. Deaves
Padre Antonio Garnica, MSC
Diácono Don L. Gath
Monseñor Henry Gómez, VF
Hermana Vickey Haran, CHF
Pat Herrera-Duran
Francis (Bud) Holecek
John Michael E. Honrales
Maria Iturri
Frances Jonte
Rosemarie E. Kelley
Padre Richard G. Krekelberg

John J. Lee
Monseñor Bernard Leheny, VE
Monseñor Michael Lenihan
Veronica Marchese
Christopher N. Martin
Padre Gustavo Mejía
Jonathon Meyer
Marisol Meza
Diácono Bob Miller
Patricia Miller
Michael Molina
Kim-Oanh Nguyen
Diácono Matthew Van Nguyen
Charisse Nini
James O'Connor
Connie Ochoa
Aubry Osborn
Hermana Luke Parker, SJC
Kelly Pérez
Grace M. Rinaldi
Margarita Rodríguez
María Rodríguez

Ana María Rosal
Erick Rubalcava
Charles Salfity
Monseñor Douglas W. Saunders, VF
Renette Scott
Hermana Dorothy Simpson, SNJM
Monseñor Alexei Smith
Flo Stapleton
Kory Swanson
Monseñor Patrick Thompson
Padre Marc V. Trudeau
Michelle Turman
Padre José Arturo Uribe, CSsR
Luis R. Vázquez
Kathy Viele
Tony Viele
Herman Villoria
Mary Jo Willey
Falesau Rose Willis

Los Superiores (Los Delegados del Sínodo No Limitados a las Regiones)

Hermana Mary Kristin Battles, SND
Padre Andrew Bellisario, CM
Abad Francis Benedict, OSB
Hermana Rita Callanan, IHM
Hermano Stephen De la Rosa, OH

Hermana Regina Marie Gorman, OCD
Hermana Donna Hansen, SSL
Padre Charles Hofschulte, CJ
Hermano Christopher Magallanes, MC
Hermana María Elena Martínez, OSF

Padre Nicholas Reina, SDB
Padre Roberto Saldivar, MSpS
Hermana Barbara Schamber, SP
Hermana Anne Lanh Tran, LHC
Hermana Lucia Tu, SDSH
Padre Tom West, OFM
Padre Luigi Zanotto, MCCJ

Grupo Ad Hoc de la Realización del Sínodo

Mary Braitman
Yolanda Scott Brown
Diácono David Estrada
Liliana Hseu-Gutierrez
Ana Ibarra
Monseñor Bernard Leheny
Mary McCullough

Diácono Richard Medina
Hermano James Meegan, FSC
Diácono Bob Miller
Yvonne Rivera-Huitron
Jorge Rodríguez
Eric Rubalcava
Dan Schwala

Diácono Gus Sebenius
Maggie Stapp
Eric Stoltz
LeRoy Titus
Michelle Turman
Monseñor Royale Vadakin, VG
Rafael Vega
Dennis Young

Declaración de los Observadores de las Diferentes Fes

Cuando se es la más grande Comunidad de Fe y se está en una de las regiones metropolitanas más diversificadas de los Estados Unidos, se sufre la tentación de tomar tu propio camino, sin tener en cuenta las otras partes que forman la familia de Dios. Primero, estamos plenamente agradecidos, por la calidad del líderazgo de Su Eminencia, el Cardenal Rogelio M. Mahony. Es claro y firmemente Católico Romano en su fe y práctica, y con todo, guía la arquidiócesis y a la comunidad entera con palabras y acciones que quienes pertenecemos a diferentes tradiciones cristianas percibimos que él y su rebaño trabajan con sincera comprensión, respeto por la persona sencilla, y se muestran fieles colaboradores donde es apropiado y posible. Agradecemos y apreciamos el detalle que han tenido al habernos incluido.

Segundo, los sacerdotes, las comunidades religiosas y los laicos y laicas actúan de la misma manera. Hemos tenido la experiencia de esto en el Sínodo. Apreciamos nos hayan invitado a participar desde el corazón del proceso que tiene una tan grande capacidad de influir en los futuros programas de la Iglesia Católica de esta área. Esta experiencia llegó a ser para nosotros una forma muy especial de diálogo interreligioso con la Iglesia. Ha sido estimulante ver a las personas delegadas participar con pasión en la vida de la Arquidiócesis, y testificar su sincero anhelo de tomar una parte aun más activa en la misión y en la pastoral de la Iglesia.

Tercero, quienes observaron desde la fe cristiana se han impresionado fuertemente por el trabajo pastoral hecho en el nombre de Jesucristo, revisado y adaptado al nuevo momento de la Iglesia Católica. Una profunda convicción en la fe de sus feligreses manifiesta el deseo de responder con profundidad, convicción, coherencia e integridad a la Palabra de Dios hecha carne. Que así sea.

Descubrimos que habían varios elementos de los contenidos presentados al Sínodo que nos sonaban familiares, en particular el rol de los ministros ordenados en una Iglesia de personas bautizadas, tema con el cual también nosotros tenemos que luchar. También nos hacemos preguntas sobre cómo llegar a todas las personas en tan diversa realidad demográfica para presentar el evangelio sin fundamentalismos. Los tópicos que se discutieron constituyen la agenda actual para todas las personas cristianas de cualquier denominación, si queremos conservar la Fe Cristiana viva en un mundo de múltiples relativismos.

Cuarto, el concepto "Sínodo" parece ser una buena dinámica para promover el diálogo entre todas las personas bautizadas, y no solamente entre clérigos u obispos. En el seno de muchas Tradiciones Cristianas se ha institucionalizado la participación del laicado en discusiones que tienen efecto en la vida de la Iglesia sea en el ámbito nacional o en el ámbito local.

Sin embargo, algunos nos asombramos por los grados tan variados de falta de relación entre lo ecuménico y quienes observan desde diferentes credos. En la Eucaristía de apertura, estábamos todos sentados juntos: Litúrgicamente, ¿no habría una manera dentro de la Liturgia de manifestar cuanto ha avanzado la unidad ecuménica sin ofender a quienes observan desde las fes no cristianas?

Quinto, muchos de nosotros no cristianos estábamos interesados en las votaciones. Por ejemplo, las personas delegadas católicas definitivamente tenían una diferente sensibilidad de prioridades de las que podían tener la mayoría de los Hindúes. Para los Hindúes, toda transformación empezaría desde el interior del individuo y se irradiaría fuera primero a través de sus propias instituciones—la familia, los templos, las escuelas de religión. Nos impresionó la votación de las personas delegadas cuando eligieron un fuerte programa de justicia social en la comunidad, mientras muchas parroquias pobres luchan por obtener el financiamiento básico necesario para conducir sus programas. Sentimos profundo respeto por el amplio sentido de responsabilidad de las personas delegadas, y notamos la manifiesta diferencia interreligiosa.

Sexto, valoramos la oportunidad que se nos dió de manifestar nuestras preocupaciones de las comunidades no cristianas y que hayan sido tomadas en cuenta por las personas delegadas del Sínodo. Agradecemos particularmente la clarificación del término "evangelización". Dicha clarificación fue educadora y alentadora y contribuyó grandemente a la comprensión de los nuevos programas católicos para la comunidad religiosa de Los Ángeles.

Séptimo, queremos nuevamente manifestar nuestra gratitud a Dios y a todas las personas involucradas en el Sínodo, no sólo por el privilegio de compartir en el Sínodo de la Arquidiócesis de Los Ángeles, sino también por la cálida recepción que hemos recibido. Oramos a Dios para que el Sínodo tenga impacto e incidencia ahora y en los años venideros.

Personas de las Diferentes Fes Observadoras del Sínodo

Iglesia Apostólica Armenia
Arzobispo Vatche Hovsepian
Rev. Arschag Khatchadourian

Iglesia Episcopal
Obispo Chester Talton
Obispo Sergio Carranza
Canónigo Mark Kowalewski

Iglesia Luterana Evangélica
Obispo Dean Nelson
Pastor Carol Nolte
Pastor William Hampton

Iglesia Presbiteriana U.S.A.
Dr. John Langfitt

Iglesia Metodista Unida
Rev. Richard Cain

Fe Budista
Venerable Walpola Piyananda

Fe Hindú
Swami Sarvedevananda
Pravrajika Saradeshaprana
Hermano Jnana

Fe Musulmana
Dr. Mahmoud Abdel-Baset
Sherrel Johnson

Fe Sikh
Kirtian-Singh Khalsa
Simran Kaur Khalsa

Glosario

Cantidad monetaria mínima: la cantidad monetaria mínima de finanzas garantizada a una parroquia para que pueda funcionar y así pueda cumplir con su misión y programa particular. La cantidad se determina por un procedimiento aprobado por la Arquidiócesis. Dicha cantidad se autoriza después de una auditoría financiera establecida y una evaluación parroquial.

Catequesis, catequizador: El nombre catequesis se le da a la totalidad de los esfuerzos de la Iglesia para formar discípulos, capacitando a hombres y mujeres para que crean en la persona y el mensaje de Jesucristo. A través de la catequesis la historia y la tradición cristiana son transmitidas con vista a madurar una fe inicial e invitando a quienes escuchan a una vida cristiana plena para que puedan hacerla propia, profesarla y vivirla. "El carácter específico de la catequesis tiene dos objetivos, madurar la fe inicial y educar al verdadero discípulo de Cristo por medio de un conocimiento más profundo y sistemático de la persona y el mensaje de Nuestro Señor Jesucristo" (*Catechesi Tradendae*, 19).

Comunión: Además de Sagrada Comunión, o Eucaristía, el término se aplica a los lazos de fe, esperanza, y amor hermanando a los creyentes en unidad y caridad a través del mundo. Llamados a comunión los unos con los otros y con su obispo, los creyentes forman la comunidad de fe.

Consejo Pastoral: de acuerdo con los cánones 228 y 536, una comisión de personas laicas calificadas, clérigos, religiosas y religiosos, representantes de la jurisdicción eclesial dentro de la que funcionan, reunidos para asistir y aconsejar a los pastores de la Iglesia como expertos o consejeros. Los consejos pastorales pueden ser establecidos a nivel de las parroquias, los decanatos, los vicariatos (región) y diócesis.

Consejo Pastoral Regional: en la Arquidiócesis de Los Ángeles, una comisión de personas laicas calificadas, el clero y religiosos, representantes de la región pastoral, reunidos para asistir y aconsejar al Obispo Regional en la implementación de las Opciones, Prioridades y Estrategias Pastorales identificadas a través del proceso del Sínodo. Un Consejo separado será establecido en cada una de las cinco Regiones Pastorales.

Cultura, diversidad cultural: Cultura se refiere a una red de símbolos, rituales, valores y significados en los que se enraíza la vida de un pueblo y en los que su experiencia, manera de vivir, y sentido de destino son ordenados. La diversidad cultural indica la relación armónica entre individuos de diferentes experiencias culturales respetando, apreciando y cooperando unos con otros.

Decanato, decano: un grupo designado de parroquias dentro de un área específica o región en una diócesis; cada decanato es encabezado por un Decano o un Vicario Foráneo (VF), que es un sacerdote, usualmente un párroco, que coordina la cooperación del clero y las parroquias dentro de un decanato.

Discernimiento: el arte de poder distinguir la sabiduría del corazón, donde habita el Espíritu Santo, de otras influencias y fuerzas. En una vida cristiana madura el discernimiento juega un papel esencial en la toma de decisiones, permitiéndonos descubrir el llamado de Dios (su voluntad) en situaciones concretas, y vivir de acuerdo con los movimientos del Espíritu.

Estrategias Pastorales: tareas específicas identificadas a través del proceso del Sínodo que se deben cumplir al dirigir las Opciones Pastorales y al realizar las Prioridades Pastorales de la Arquidiócesis.

Evangelización: permitir que nuestro propio corazón sea capturado y saturado por la Buena Nueva de Jesucristo, respondiendo al llamado de una conversión de por vida a través del don del Espíritu. La evangelización también requiere que alcancemos a los demás para proclamar con palabras y hechos el Reino de Dios, que es la intención de Dios para el mundo ahora y en el porvenir. La evangelización demanda que los valores del Reino de Dios—el reino de la verdad, la santidad, la justicia, el amor y la paz—penetren en todas las culturas, transformando cada esfera de la vida.

Formación, formación continua: En el contexto de la comunidad cristiana, las personas son invitadas a un proceso de desarrollo de una fe madura. Informados por la historia y la tradición cristiana y formados por el Evangelio de Jesucristo, son guiados a hacer propios y vivir los valores del Evangelio como misión. "Formación continua" se refiere al proceso de seguir explorando y profundizando la fe cristiana a través de la reflexión, del compartir, de la oración, del estudio, del discernimiento y de la integración de la fe y la vida por misión.

Gobierno de la Iglesia: Este término se refiere al poder dado al papa y los obispos para dirigir, guiar, y presidir la Iglesia católica y al ejercicio de la autoridad compartida por el papa y los obispos con los miembros del clero, religiosos y religiosas, y laicos y laicas de acuerdo a sus cargos y sus reconocidos carismas. El término también se refiere a las estructuras de autoridad y liderazgo establecidas por las que la Iglesia funciona.

Hagan lo Mismo que Yo Hice con Ustedes: una Carta Pastoral sobre el ministerio publicada por el Cardenal Rogelio Mahony y los sacerdotes de la Arquidiócesis de Los Ángeles el Jueves Santo del año 2000 que enfatiza la importancia del ministerio de los ordenados y a la vez afirma el significado del ministerio laico enraizado en el sacerdocio común de los bautizados. El Señor Cardenal concluye la carta convocando el Noveno Sínodo de Los Ángeles.

Iglesia Local: Se refiere a todos los miembros de la Iglesia Católica Romana reunidos en comunión con su obispo en cada diócesis a través del mundo; todas las iglesias locales forman la iglesia universal.

Justicia social: la actividad de crear un mundo donde todos puedan lograr la plenitud de la vida proyectada por Dios para la humanidad. Esta actividad no puede ser relegada al reino de lo puramente personal sino debe afectar cada esfera de la vida, incluyendo la social, la económica, y la política. El punto de vista cristiano de la justicia eleva el lugar de aquellos que son los últimos, los más pequeños y los menores en la Iglesia y en la sociedad.

Laico, lego: Se refiere a aquellos miembros de la Iglesia que están incorporados por completo al Pueblo de Dios por medio de la fe y el Bautismo, pero no son ordenados.

Ministerio: el servicio en nombre de Cristo surgiendo del don del Espíritu y apropiadamente reconocido por la comunidad de la Iglesia; en la Iglesia hay ministerios de personas ordenadas y de personas no ordenadas.

Ministerio laico, ministerio eclesial laico: la amplia escala de servicios rendidos en nombre de Cristo por los fieles laicos y apropiadamente reconocidos por la comunidad de la Iglesia. El ministerio laico puede ser ejercitado por el bien de la Iglesia, o por la más amplia comunidad humana. "Un ministro eclesial laico" se refiere a hombres y mujeres profesionalmente entrenados o apropiadamente preparados, incluyendo religiosos y religiosas de votos, que están en posiciones de servicio y liderazgo en la Iglesia, y quienes son llamados a servir en nombre de la Iglesia. "Ministerio eclesial laico" se refiere a los ministerios de personas comprometidas, mujeres y hombres, casados o solteros, que están ejercitados en y a través de la Iglesia de una manera estable, pública, reconocida y autorizada.

Misión: el propósito de la existencia de la Iglesia y la tarea que la Iglesia está llamada a emprender. La misión de la Iglesia es la propia misión de Cristo, centro de su vida—anunciar en palabras y hechos el Reino de Dios que llega, la victoria final de la verdad, la santidad, la justicia, el amor y la paz.

Nueva evangelización: un término usado frecuentemente por el Papa Juan Pablo II para describir el evangelizar o re-evangelizar de los católicos poco catequizados, inactivos, y distanciados, igual que reanimar la fe y la vida de aquellos que ya han llegado a conocer la presencia de Cristo. La "nueva evangelización" requiere que los que ya tienen fe en Jesucristo permitan que Cristo toque las áreas no convertidas de sus vidas.

Obispo Regional: en la Arquidiócesis de Los Ángeles, un obispo auxiliar guía y pastorea a una de las cinco regiones pastorales bajo la autoridad del arzobispo.

Opciones Pastorales: áreas significantes de preocupaciones pastorales señaladas a través del proceso del Sínodo como los asuntos principales de la agenda para ser tratados en todos los niveles de la Arquidiócesis. Estas opciones señalarán el camino futuro de la Arquidiócesis y desarrollarán una agenda pastoral Arquidiocesana total. Las decisiones que se tomen en cada nivel de administración y ministerio dentro de la Arquidiócesis deberán ser tomadas en vista de implementar estas Opciones Pastorales.

Prioridades Pastorales: Bajo cada Opción Pastoral señalada por el Sínodo, las Prioridades Pastorales se refieren a los deberes y funciones identificados a través del proceso del Sínodo al que la Arquidiócesis le deberá prestar una atención primordial al desarrollar su agenda pastoral total.

Región Pastoral: a veces conocidas como vicariatos, una de las entidades geográficas dentro de una diócesis, cada una bajo el liderazgo y la dirección de un obispo regional o un vicario episcopal. En la Arquidiócesis de Los Ángeles hay cinco Regiones Pastorales: Santa Bárbara, San Pedro, San Fernando, San Gabriel y Nuestra Senora de Los Ángeles.

Reino de Dios (Reinado de Dios): el mensaje más importante en la predicación de Jesucristo. Predicando el Reinado de Dios, Jesús expresó la intención de Dios para el mundo de ahora y el venidero; un mundo en el que prevalecerá la verdad, la santidad, la justicia, el amor y la paz.

Responsabilidad bautismal: vivir en Cristo por el don del Espíritu caminando hacia la gloria del Padre por medio del testimonio, la oración y el servicio. A través del Bautismo, cada miembro de la Iglesia es llamado a participar activamente en ella y en el mundo, constuyéndola y avanzando el Reino de Dios por medio de los dones particulares y carismas de cada individuo de acuerdo a su estado de vida y su lugar en la comunidad.

RICA *(Rito de Iniciación Cristiana para Adultos)*: una jornada de fe y una experiencia cristiana en la que las personas interesadas en ser miembros de la Iglesia Católica Romana son gradualmente y a propósito intoducidas hacia una vida plena en la fe. El RICA, un rito sacramental, fue restaurado por el Concilio Vaticano Segundo y se promulgó en el año 1974.

Santidad: la plenitud de la vida en Cristo a través del Espíritu. En el espíritu del Concilio Vaticano Segundo, toda persona bautizada es llamada a una vida de santidad que descansa en la perfección de la caridad.

Sínodo, diocesano: una reunión especial del clero, laicos y laicas, religiosos y religiosas seleccionados en una diócesis particular que son reunidos en un momento específico por el obispo diocesano para ofrecerle asistencia y consejo a través de un proceso de oración, diálogo, discernimiento y decisión por el bien de toda la comunidad diocesana de acuerdo con las normas de los cánones 460–468 de la ley de la Iglesia.

Vida consagrada: la consagración a Dios por medio de un "título nuevo y especial" efectuada por la profesión de los consejos evangélicos de castidad, pobreza y obediencia, usualmente dentro de los votos de una congregación religiosa o un instituto secular. También pueden ser consagradas otras personas de una forma eclesial apropiada o en ceremonias de consagración.

Vocación: la respuesta a los dones del Espíritu que se nos dieron en el Bautismo y la Confirmación por medios en que individuos son llamados a un estado de vida particular en servicio a la Iglesia y a la comunidad humana. Las vocaciones cristianas incluyen a los solteros, los casados, las personas en votos religiosos y los ordenados.

Índice Temático

liderazgo 30, 33–35, 50, 55, 82, 97–99

liturgia 39, 57, 61, 78, 83, 92

marginado(a), al margen de 12, 26, 79

mensaje de Cristo, Evangelio 4, 7, 12, 17, 22, 42, 67, 69–71, 74, 78, 92, 96

misión 6–7, 12, 14, 17–18, 22, 26, 30, 34–35, 45, 49, 67, 80, 91, 95–96, 98

misión de Cristo 7, 22, 34, 49

misión de la Iglesia 12, 14, 18, 22, 26, 30, 35, 98

misión de la Palabra 14

ministerio laico 97

ministro, ministerio, trabajo pastoral 3, 8–9, 11, 13–14, 16, 22, 27, 34–35, 39, 43, 60, 71–73, 78–82, 84, 86, 91–92, 97–98

Misterio Pascual 38

mutualidad 3, 16

nueva evangelización 8, 11–12, 14–15, 18–19, 21–23, 78, 98

Obispo Regional 27, 52, 95, 98–99

Opciones Pastorales 3–4, 6, 14–15, 17–19, 21, 25, 29, 33, 37, 41, 45, 55–59, 77, 83, 95–96, 98

oración 3, 9, 17, 38, 49, 54, 58, 60–61, 64, 73–77, 96, 99

participación 12, 18, 25–27, 38–39, 42, 53, 61, 70, 73, 79–80, 92

Presbyterorum ordinis 38

Prioridades Pastorales 3–4, 14–15, 18, 23, 27, 31, 35, 39, 43, 54, 58–59, 70, 73, 77–80, 82–84, 95–96, 98

reciprocidad 16, 42

Redemptoris Missio 12, 22, 34

Región Pastoral 9, 23, 27, 31, 35, 51–53, 55, 77–78, 81, 83–85, 87–89, 95, 98–99

Reino de Dios 4, 6, 9, 12, 15, 22, 26, 34, 41–42, 96, 98–99

religiosas 3, 6, 10–11, 34, 43, 50–53, 82, 91, 95, 97–99

responsabilidad, responsabilidades, compromiso 9–10, 16, 22, 25–26, 34–35, 38, 45, 50, 56, 67–68, 70, 73, 75, 78–79, 82, 93, 99

RICA 81, 99

sacerdote, sacerdocio 3, 8–12, 15, 27, 34, 39, 50–53, 65–66, 68, 71, 82–83, 91, 96–97

sacramentos, la vida como sacramento 11, 14, 16, 18, 22, 31, 37–39, 83

santidad 6, 9, 12, 16, 22, 38, 55, 96, 98–99

Sentíamos Arder Nuestro Corazón 30

servicio 15, 34, 41–42, 58, 71, 83–84, 97–100

Sínodo 2–7, 9, 11–15, 17–18, 45, 49–66, 69, 72, 75, 77, 83, 85–87, 90–99

tercera oleada 10

testimonio 4, 13, 34, 42, 99

tradición 22, 30, 42, 95–96

vida consagrada 33–34, 82, 100

vocación 9, 12, 82, 100

DOCUMENTS OF THE SYNOD OF THE ARCHDIOCESE OF LOS ANGELES 2003

GATHERED AND SENT

Cardinal Roger Mahony
and the
People of God of the Archdiocese of Los Angeles

Solemnity of Our Lady of the Angels
September 4, 2003

LTP

LITURGY
TRAINING
PUBLICATIONS

Acknowledgments

The Spanish and English text of *Gathered and Sent: Documents of the Synod of the Archdiocese of Los Angeles 2003* © 2003 Archdiocese of Los Angeles. All rights reserved.

GATHERED AND SENT: DOCUMENTS OF THE SYNOD OF THE ARCHDIOCESE OF LOS ANGELES 2003 © 2003 Archdiocese of Chicago: Liturgy Training Publications, 1800 North Hermitage Avenue, Chicago IL 60622-1101; 1-800-933-1800, fax 1-800-933-7094, e-mail orders@ltp.org. All rights reserved. See our website at www.ltp.org.

This book was edited by Kris Fankhouser, with the assistance of Dr. Michael Downey, Cardinal's Theologian, Archdiocese of Los Angeles; Ellie Hidalgo, *The Tidings*; Eileen Bonaduce, Executive Coordinator to the Cardinal; Ana Aguilera, Our Lady of the Angels Pastoral Region; and Eileen O'Brien, Archdiocesan Catholic Center. The design is by Lucy Smith, and the typesetting was done by Kari Nicholls.

Cover art: CELEBRATION © 1997 by John August Swanson, Serigraph $22^1/2$" by $30^1/2$", www.JohnAugustSwanson.com. Los Angeles artist John August Swanson is noted for his finely detailed, brilliantly colored paintings and original prints. His works are found in the Smithsonian Institution's National Museum of American History, London's Tate Gallery, the Vatican Museum's Collection of Modern Religious Art, and the Bibliothèque Nationale in Paris.

Photo on p. iv © 2003 Victor Alemán/2 Mun-Dos Communications. Used with permission. Photo on p. 19 by RECongress/Chris Krause. Photos on pp. 23, 27, 35, and 39 © Bill Wittman. Photo on p 31 by Sister Nancy Munro, CSJ.

Printed in the United States of America.

Library of Congress Control Number: 2003115708

ISBN 1-56854-518-5

LASYN $10.00

Contents

SYNOD PROCLAMATION
ARCHDIOCESE OF LOS ANGELES

In this third year of the Third Millennium
In the ninth month of September
In the year of our Lord Jesus Christ, two thousand and three,
Thirty-eight years after the decrees of Vatican Council II,
In the 25th year of the pontificate of John Paul II, Bishop of Rome,
In my 18th year as Archbishop of Los Angeles,
The Synod of the Archdiocese of Los Angeles has been concluded.
With Mary, Our Lady of the Angels, we pray
That through the presence and power of the Holy Spirit
All clergy, religious, and laity will be bold in furthering the renewed vision
For our Local Church set forth in the Synod Documents.
Let the Synod Decrees direct the Archdiocesan Pastoral agenda
for the next five to ten years, and be effected
through the structures and bodies
that I have authorized to implement the Synod.
Praise and glory be to the Divine Trinity. Amen.

ARCHDIOCESAN SEAL

✝ Cardinal Roger M. Mahony
Archbishop of Los Angeles

Sister Mary Elizabeth Galt, B.V.M.
Chancellor

Letter from Cardinal Roger Mahony Concluding the Synod

September 4, 2003
Solemnity of Our Lady of the Angels

My Brothers and Sisters in Christ:

On Holy Thursday of the great Jubilee Year 2000, the priests of the Archdiocese of Los Angeles, together with their Archbishop, published a Pastoral Letter on Ministry, *As I Have Done for You*, which expresses our hope for greater collaboration and mutuality in the exercise of ministry in the Church. At the close of the letter, I convoked a Synod, calling upon the whole People of God to join with me in a process of prayer, dialogue, discernment and decision for the purpose of finding more fruitful ways to live in the communion of the Holy Spirit, responding to the needs of the people in the Archdiocese.

In the many months since April 2000, the whole People of God – laity, clergy, and religious – have given themselves untiringly to the formulation of Pastoral Initiatives, Priorities and Strategies to help us realize the vision of the Church expressed in *As I Have Done for You*. This vision is fully enlivened by the orientations of the Second Vatican Council, and given specific direction in the pastoral program delineated by our Holy Father Pope John Paul II in his Apostolic Letter *Novo Millennio Ineunte* (At the Beginning of the New Millennium).

The Synod has provided many occasions for listening with the ear of the heart to the many concerns expressed throughout the Archdiocese. Some of these cannot be resolved at the level of the Local Church. But in the same spirit of open and respectful dialogue that has characterized our Synod I shall bring to the attention of those who have authority in these matters, those important concerns which are outside the competence of a Synod.

It is clear that the Holy Spirit has enlivened and enlightened the hearts of the people of the Archdiocese in shaping the direction we will take over the next ten years and more. We will continue to rely on the Spirit of Christ as we move forward now with implementation of our Pastoral Initiatives, Priorities and Strategies. May the Spirit guide us in being and becoming more authentic heralds of the Gospel in our own lives and, through our communal witness to the Reign of God, a more effective sign of reconciliation and peace to the world.

It is our sincere hope that the spirit of these Synod Documents, expressed in the words "Gathered and Sent," will seize and saturate the hearts of all who read them, both in the Church of Los Angeles and beyond.

Together with all the people of the Archdiocese under the protection of Our Lady of the Angels, I entrust to her care all we have done and shall continue to do through the Synod toward the fullness of life in Christ.

Sincerely Yours in Christ,

His Eminence
Cardinal Roger M. Mahony
Archbishop of Los Angeles

September 4, 2003
Solemnity of Our Lady of the Angels

My Brothers and Sisters in Christ,

On Holy Thursday of the great Jubilee Year 2000, the priests of
the Archdiocese of Los Angeles, together with their Archbishop,
published a Pastoral Letter on Ministry, *As I Have Done for You,*
which expresses our hope for greater collaboration and mutuality
in the exercise of ministry in the Church. At the close of the
letter, I convoked a Synod, calling upon the whole People of
God to join with me in a process of prayer, dialogue, discernment,
and decision for the purpose of finding more fruitful ways to live
in the communion of the Holy Spirit, responding to the needs of
the people in the Archdiocese.

In the many months since April 2000, the whole People of God—
laity, clergy, and religious—have given themselves untiringly to
the formulation of Pastoral Initiatives, Priorities, and Strategies
to help us realize the vision of the Church expressed in *As
I Have Done for You.* This vision is fully enlivened by the orientations of the Second Vatican Council, and given specific direction in the pastoral program delineated by our Holy Father Pope

John Paul II in his Apostolic Letter *Novo Millennio Ineunte* ("At the Beginning of the New Millennium").

The Synod has provided many occasions for listening with the ear of the heart to the many concerns expressed throughout the Archdiocese. Some of these cannot be resolved at the level of the Local Church. But in the same spirit of open and respectful dialogue that has characterized our Synod I shall bring to the attention of those who have authority in these matters, those important concerns that are outside the competence of a Synod.

It is clear that the Holy Spirit has enlivened and enlightened the hearts of the people of the Archdiocese in shaping the direction we will take over the next ten years and more. We will continue to rely on the Spirit of Christ as we move forward now with the implementation of our Pastoral Initiatives, Priorities, and Strategies. May the Spirit guide us in being and becoming more authentic heralds of the Gospel in our own lives and, through our communal witness to the Reign of God, a more effective sign of reconciliation and peace to the world.

It is our sincere hope that the spirit of these Synod Documents, expressed in the words *Gathered and Sent,* will seize and saturate the hearts of all who read them, both in the Church of Los Angeles and beyond.

Together with all the people of the Archdiocese under the protection of Our Lady of the Angels, I entrust to her care all we have done and shall continue to do through the Synod toward the fullness of life in Christ.

Sincerely Yours in Christ,

His Eminence
Cardinal Roger M. Mahony
Archbishop of Los Angeles

Pastoral Initiatives, Priorities, and Strategies of the Synod of the Archdiocese of Los Angeles 2003

Introduction

Jesus' mission is first manifested when he, the beloved son of the Father, is baptized in the Jordan and filled with the Holy Spirit. To prepare to begin his mission, the Spirit led Jesus into the wilderness to fast, pray, and be tested (Matthew 3:16—4:1). Jesus' mission is to announce the time of God's favor, the coming of the Reign of God. Jesus proclaimed the Reign of God as the fulfillment of God's hope, desire, and intention for the world now and to come. In God's Reign, truth, holiness, justice, love, and peace will hold sway forever. Jesus established the Church to continue and further this mission. He entrusted this mission to the Church: to proclaim in word and deed the Good News of God's coming among us in Jesus Christ through the gift of the Spirit. This mission is so central to the word and work of Jesus that the Second Vatican Council affirmed and emphasized that "mission" defines the Church. The Church in every dimension of its life and practice exists for mission: to proclaim in word and deed the Reign of God to people in every culture, time, and place.

On the Solemnity of the Epiphany, January 6, 2001, Pope John Paul II issued an Apostolic Letter that outlined a pastoral program for the Third Millennium: *Novo Millennio Ineunte,* "At the Beginning of the New Millennium." The Pope addressed this Letter to all the faithful: clergy, religious, and laity. In it, the Holy Father affirms that pastoral initiatives are to be developed and adapted to the circumstances of each community. This means that it is in the Local Churches that the specific features of a detailed pastoral plan are to be identified. These will enable the message of Christ to reach people and form communities, so that they may have a deep influence in bringing Gospel values to bear in society and culture. "I therefore

earnestly exhort the Pastors of particular Churches, with the help of all sectors of God's people, confidently to plan the stages of the journey ahead, harmonizing the choices of each diocesan community with those of neighboring Churches and the universal Church" (cf. *Novo Millennio Ineunte*, 29). The Synod of the Archdiocese of Los Angeles has been undertaken in the spirit of this invitation and challenge: to proclaim in word and deed the mission of Christ and the Spirit.

Where We Stand

Los Angeles is the largest and fastest growing Archdiocese in the United States of America, with an estimated five million Catholics within its borders. Parishes in the Archdiocese report serving two and a quarter million Catholics directly, roughly half of that population. Moreover, parish reports indicate that the average number of Catholics served is almost eight thousand. However, estimates based on ethnicity as reported by the U.S. Census indicate that the average of Catholics per parish is close to nineteen thousand. Parishes are making enormous efforts, and many are quite successful, but the challenge remains even greater. Eighty-seven parishes report serving more than ten thousand people. However, the above Census estimates show that one hundred and ten parishes have a population of more than twenty thousand Catholics. Nonparticipating/inactive Catholics constitute the largest "ex-religious" body in the United States.

This reality alone brings the Church to a crucial juncture with regard to its future and presents Catholics with the challenge and the opportunity to evangelize. In its initial and most concrete form, *to evangelize* means to proclaim in word and action the Good News of Jesus Christ to those who have never heard it before. As followers of Jesus Christ, we are called to proclaim our experience of him in our own lives, our families, our places of work, and our neighborhoods.

Like the Church in many countries, there are many baptized persons in the Archdiocese who, for a variety of reasons, are not active in the life of their parishes or Local Church. Our Holy Father, Pope John Paul II, has therefore called for a "new evangelization." This form of evangelization entails proclaiming the Word in word and deed to under-catechized, inactive, and alienated Catholics, striving to reanimate the faith of those who have already discovered the presence of Christ in their lives. Such an understanding of evangelization challenges us to allow Christ to touch the unconverted corners of the lives of those who already have faith in Jesus Christ, beginning with ourselves first of all.

The window to evangelize vast numbers of both Catholic immigrants and Catholic young people, as well as to undertake the "new evangelization," may not remain open forever. The beginning of this new century offers us a unique opportunity to carry out this "new evangelization" in the Archdiocese of Los Angeles. How we respond to this challenge now and in the next few years will have enormous consequences for Catholicism in the United States.

On Holy Thursday of the Jubilee Year 2000, Cardinal Roger Mahony and the priests of the Archdiocese of Los Angeles released a Pastoral Letter on Ministry, *As I Have Done for You*. Aware of the many changes taking place in the Archdiocese, the Archbishop and his priests wrote: "Mere adjustment and small shifts in practice will not suffice. What is called for is a major reorientation in our thinking about ministry as well as in our ministerial practice" (38). At the conclusion of the Pastoral Letter, the Cardinal convoked a Synod for the Archdiocese of Los Angeles. The Synod was an invitation for the People of God to engage in a process of prayer, dialogue, discernment, and decision to meet the needs of the people in the Archdiocese at this time.

In our commitment to meet the ever-changing needs of the people of the Archdiocese and to carry out the work of evangelization as described here, we recognize the efforts of our brothers and sisters outside the Church. Many of them, like us, strive to build a world of truth, holiness, justice, love, and peace. It is our

gift and task to walk shoulder to shoulder with all those who seek to advance the Reign of God, regardless of culture, race, language, or creed.

Shifting Ground

The Next Generation and the Next?

In the process of prayer and dialogue so central to the Synod, parents and grandparents across the five Pastoral Regions of the Archdiocese consistently expressed their perception that a very large number of our young people are not practicing their faith. They are anxious about their own inability to pass on the faith to the next generation. Even while there are signs that many young Catholics are enthusiastically involved in the life of faith, it is clear that many more are not. The primary educators in the faith are the parents of children, and so we will need to find ways to assist parents to more effectively fulfill this responsibility.

A Third Wave: Gift and Challenge

Called to recognize the all-pervasive challenge posed by youth and young adults, we also find ourselves confronted with another major gift and task. We are living amidst the third great wave of immigration in this country. The first and second waves brought immigrants primarily to the shores of the Eastern seaboard in the first two centuries of this nation. The third wave, growing in strength and numbers since 1970, has brought peoples from Mexico, Central America, South America, and the Far East to the California shores. We count this as an enormous gift, rich in vitality and diversity. But the gift also brings with it huge challenges, not least of which is that of language, as well as that of reaching out to serve diverse cultures, respecting the other, and deeply appreciating, not merely tolerating, difference and uniqueness. With these changes there has also been the pain involved in the changing composition of existing parishes.

Looking back we see that our Archdiocesan parish structures were built to serve an internal migration from the Eastern and Midwestern United States in the aftermath of the Second World War. Parishes were established to serve between fifteen hundred and two thousand households. Several priests were assigned to each parish, and parish schools were staffed by an abundance of sisters from many different religious congregations. Today, especially in those parishes in the Archdiocese where immigrants of the third wave have settled, there can be as many as ten or fifteen thousand potential Catholic households. With fewer priests, religious sisters and brothers, many are left wondering: How are we to serve such a number of parishioners in all their cultural diversity? Recognizing the need for evangelization as well as the "new evangelization" of active and nonparticipating Catholics, can we any longer assume that we will reach them primarily by inviting them to join in our current parish activities and programs?

KEEPING OUR MOORING

Amidst the shifts we have identified we are aware that lay ministries are flourishing in unprecedented numbers. At the same time, vocations to the priesthood and religious life continue to decrease. More deacons are needed to serve the material needs of the Church. We believe that the Church is a communion of Word and Sacrament, but with fewer priests, we run the risk of becoming disconnected from the Eucharist, font and summit of Catholic faith and life.

Anchor of Hope

As the Synod of the Archdiocese of Los Angeles began, the Church throughout the United States began to reel from the crisis brought on by the scandal of sexual abuse. The response of the People of God to the crisis has been a source of the deepest hope as well as the occasion for the most profound apology and plea for forgiveness and reconciliation. We recognize the presence

of sin in the Church but we also believe that the Church is the bearer of God's grace. We came to the Synod with a profound appreciation of the fact that the majority of Catholic people have remained firm in their faith, resolute in hope, ardent in charity, and faithful to the Church. The People of God are living proof of the Second Vatican Council's teaching: We laity, religious, and clergy are the Church.

Evangelization: A New Way of Doing Things

During the Synod process our people have spoken and their voices have been heard. What have they said? Above all they stressed the need for evangelization:

> To announce in word and deed the Good News of the Lord,
> The time of God's favor,
> The transformation of the world,
> And the coming of the Reign of God—when truth,
> holiness, justice, love, and peace will prevail.

Evangelization is at the heart of the Church's mission; it is everyone's vocation, not only of missionaries, whether ordained, religious, or lay. Evangelization belongs to all those who have been given a share in the Church's mission through their Christian initiation: Baptism, Confirmation, and sharing in the Eucharist.

Pope John Paul II defines the "new evangelization" as the proclamation of the Good News not only to those who have never heard the Gospel message, but in a particular way to those who no longer participate in the Church's life. He also includes each and every one of us in this "new evangelization" so that the light of the Gospel may reach the dark corners of our lives as well.

As disciples of Jesus, we are called to share the Good News, the person who is Jesus Christ, with many people: our families, youth and young adults, and those who seem to be marginalized from the life of the Church for whatever reason. We are called to share our experience of what it means to have a relationship with

Christ. The Good News of the Reign of God "is not a concept, a doctrine, or a program subject to free interpretation, but is before all else a person with the face and name of Jesus of Nazareth" (*Redemptoris Missio*, 18).

We must admit in all humility that we do not really know how to share the Good News effectively. Cardinal Mahony and the priests of the Archdiocese conclude their Pastoral Letter on Ministry, *As I Have Done for You,* by calling us to recognize that we are on a journey, like the disciples on the road to Emmaus, moving toward a future as yet unknown. And so we must learn as we walk together. Here is the question: How can the Synod bring about "a major reorientation in our thinking about ministry as well as in our ministerial practice" so that we can take up the task of evangelization?

We cannot look solely to the past for answers to questions we now face. The Church in the United States grew by leaps and bounds, principally by immigration from Eastern and Western Europe. These immigrants found in the Church a refuge, a source of support and pride in the face of many hostile forces. The catechetical efforts of the Church in the United States have been enormously fruitful. But until now our catechesis has been focused upon those already in the Church. At this time we find it necessary to reach out, to testify in word and deed, not just or even primarily to strangers, but to family, to friends, to our own children. How are we to stand up and face this challenge?

Wellsprings Within

Year by year, season by season, the People of God hear the Word through cycles of Scripture readings proclaimed during the Sunday celebration of the Eucharist. Those who participate in the Liturgy every Sunday, and sometimes every day, experience the love of the Father, through Christ, in the Spirit who is present and active in their lives. Because they participate in the Mass every Sunday, their belief in the presence of Christ in the Eucharist, the Word, and the community gathered in faith at

the Lord's Table remains firm. Yet many seem to lack confidence in their knowledge of the Christian faith and their ability to articulate their experience of Christ Crucified and Risen. One of the greatest challenges before us, therefore, is how to empower people to speak of their relationship with a loving and saving God through their experiences with the Scriptures, Sacraments, and community, so that they may become bearers of God's love to others. As we embark together on the path of the "new evangelization" we pray that all the baptized will share more fully in the mission of the Church, a mission of the Word and of the Spirit.

The Word is God's love seen, touched, and heard. The Spirit is God's love dwelling in the human heart—a love that is creative, a love that gives life, a love that unites us as children of a loving Father. Everyone in the Church—member for member—has a share in the mission of Word and Spirit, called to make God's love seen, touched, and heard, to live from a never-ending source of love that creates life, binds what is broken, unites each and every one in our families, neighborhoods, communities, parishes: *This, in fact, is a new way of doing things.*

As the Synod progressed, the words of *As I Have Done for You* (38) echoed: "Mere adjustment and small shifts in practice will not suffice. What is called for is a major reorientation in our thinking about ministry as well as our ministerial practice." The Pastoral Initiatives, Priorities, and Strategies endorsed by the Synod propose a new way of doing things because the fundamental mission of evangelization has been given a new expression for today. The Synod is not celebrated in view of yet more programs. Instead, the Pastoral Initiatives, Priorities, and Strategies were chosen in view of meeting the challenges of our times in the communion of the Spirit, rooted in a fresh encounter with Christ (John Paul II, *Ecclesia in America*, 3). They are in service of a new way of doing things, imbued by the spirit of the "new evangelization," a whole way of living that is new in its expression, its methods, and its zeal.

Through the implementation of the Synod decisions, we will begin afresh to live as children of God who together form a living sign, an icon, of God's love for the world.

A Blessed Communion

As members of the Body of Christ we are deeply related to one another: parents and children, young adults and grandparents, parishioners and priests, brothers and sisters in community, members of parishes across the Archdiocese, a Local Church related to other Local Churches in the United States and throughout the world. We deepen these relationships when we cultivate and nourish them through generosity and service for the Reign of God now and to come. Thus our relationship, our communion, with God—Father, Son, and Spirit—grows stronger.

As we deepen our communion in the Spirit, we become a living icon of the Trinity. The Trinity is the central mystery of Christian faith and life. It is the source of all the other mysteries of Christian faith, the light that enlightens them (*Catechism of the Catholic Church,* 234). The doctrine of the Trinity reminds us that the divine persons are who and what they are because of their relations: Father, Son, and Spirit. We also know that this God is for us, with us, and in us. This basic insight leads us to a profound understanding of ourselves as a communion of persons.

Divine and Human: Persons in Relation

The doctrine of the Trinity reveals to us that the Trinitarian persons are both different from, yet altogether equal to, one another. There is difference of persons, but there is no greater or lesser. We are a Body called to holiness and to support the full flourishing of each member. And so we reject any differentiation or ordering in the Church that would make one person or ministry intrinsically less essential or more essential than any other (1 Corinthians 12). The sacrament of Baptism establishes the

ground for this ecclesial communion. It introduces us into a community based on new relationships. As daughters and sons of the God who is life, light, and love, we are sisters and brothers to one another (John 1:12–13). It is within this relationship of the baptized that we share the gifts of faith, hope, and love as well as the responsibility to proclaim in word and deed the Good News of Jesus Christ to the world.

Within the Church, all relationships are to be built on mutuality, reciprocity, and interdependence. The Spirit of God is present and active within the various relations that make up the Church—relationships among bishops, laity, priests, religious, and deacons, between Local Church and Universal Church, as well as among those of other Christian churches. We recognize ourselves as a community called to holiness and defined by a quality of interaction rooted in the relational life of God. But just as God is a God for us, so is the Church for others. The Church, in all its members, is for mission. At the heart of the divine life there is the act of "sending," of "being sent." Jesus Christ is the One Sent: "As the Father has sent me, so I send you" (John 20:21).

More Than Mere Maintenance: Mission

The Church, in all its members, is for mission. It must be admitted that far too often our energy goes into maintaining structures rather than into fulfilling mission. Our concern for collaboration must be more than preoccupation with working together on joint Church projects. We are called to become more fully the Church, a people sent by the One Sent to be a light to the nations, a beacon of hope and joy to the people, all the people, in our own time and place.

Through prayer, dialogue, discernment, and decision at the heart of the Synod, six Pastoral Initiatives emerged above all others. These will give shape to the Archdiocese of Los Angeles as we seek to live in the communion of the Spirit, able to

respond to the changing needs of the people in the Archdiocese. Our mission extends to:

- those who are not evangelized and to those Catholics who are inactive or feel alienated from the Church;
- the vast numbers of people who have come to our shores;
- the vast number of those Catholics who no longer claim Church affiliation;
- youth and young adults;
- ourselves, who are still in need of total conversion to the Gospel;
- and the generations that will succeed us.

The response of the Synod delegates to the pastoral challenges of the Archdiocese indicates a deep desire to seek new ways to evangelize that go beyond the present structures. The Pastoral Initiatives, together with Priorities and Strategies for implementation, can be summarized as follows:

1) Mission is central to the Church's life—to announce in word and deed the Good News of Christ through the presence and power of the Spirit.

2) Where Church structures do not aid in the fulfillment of its mission, they are to be renewed or new ones established.

3) For effective participation in the mission of the Church, ongoing formation is needed at every stage of life.

4) Trained leaders are needed—lay, consecrated persons, and ordained—so that the Word will be proclaimed and inactive Catholics and non-Catholics, as well as those Catholics who are active, will hear the Good News.

5) In the sacramental life of the Church, above all in the Eucharist, the identity and mission of the Body of Christ is expressed and impressed, and the Church comes to full stature in Christ.

6) Strengthened by Word and Sacrament(s), the Church becomes a sign of communion and justice in and for the world—its mission.

The Synod chose six Pastoral Initiatives, nine Pastoral Priorities, and fourteen Pastoral Strategies for implementation. As the first Pastoral Initiative, *Evangelization and "The New Evangelization"* is the governing concern—the central focus—of the Archdiocesan Synod and its implementation. This means, quite concretely, that *Evangelization and "The New Evangelization"* is the gauge for all judgments and decisions involved in the other five Pastoral Initiatives.

PASTORAL INITIATIVES
OF THE
SYNOD OF THE ARCHDIOCESE OF LOS ANGELES 2003

I.   *Evangelization and "The New Evangelization."* Proclaiming the presence and power of God in the world.

II.   *Structures for Participation and Accountability.* Toward greater participation in decision-making and responsibility for mission.

III.   *Ongoing Education and Formation: Adults; Young Adults; Youth.* Understanding the Catholic tradition; passing it on to the next generation.

IV.   *Ministry and Leadership: Lay; Consecrated Life; Ordained.* Toward deeper commitment to witness, worship, and service.

V.   *Eucharist and Sacramental Living.* Becoming a holy people, rooted in prayer, living by the grace of the Eucharist and sacramental celebration.

VI.   *Social Justice: Living at the Service of God's Reign.* Becoming a People of Communion and Justice for the life of the world.

On Saturday, September 6, 2003, in the Cathedral of Our Lady of the Angels, I, Cardinal Roger M. Mahony, Archbishop of Los Angeles, formally ratify the work of the Ninth Synod of Los Angeles and hereby promulgate the decrees and legislation of the Synod.

ARCHDIOCESAN SEAL

+ *[signature]*
Cardinal Roger M. Mahony
Archbishop of Los Angeles

[signature] B.V.M.
Sister Mary Elizabeth Galt, B.V.M.
Chancellor

Pastoral Initiative I

Evangelization and "The New Evangelization"

Proclaiming the presence and power of God in the world. Every baptized Catholic is called to participate in the mission of Christ and the Spirit, the mission of the Church, proclaiming in word and deed the message at the heart of Jesus' life and ministry: the Reign of God among us here and now, at this time and in this place. The whole life of the Church in all its dimensions is to serve this MISSION: announcing in what we say and do the Good News, the year of God's favor, the transformation of the world, and the coming of the Reign of God, the reign of truth, holiness, justice, love, and peace.

Central to this mission is EVANGELIZATION. There are three levels of evangelization. **First,** evangelization entails allowing one's own heart to be seized and saturated by the Gospel, responding to the call to lifelong conversion to Christ by the gift of the Spirit. **Second,** evangelization requires reaching out to others to proclaim in word and deed the Reign of God. **Third,** evangelization demands that the values of the Reign of God—a reign of truth, holiness, justice, love, and peace—permeate each and every culture, transforming every sphere of life.

Because we are called to holiness of life through the grace of our Baptism, we have a responsibility to proclaim to others the experience of Christ in our lives—to our families, in our places of work, in our neighborhoods, as well as in the public square. Every Catholic should be able to convey a personal knowledge of God's love and salvation in the language of the Scriptures, by way of the experience of the Sacraments and through an appreciation of the tradition of the Church. Further, today there must be a "new evangelization" focused on evangelizing or re-evangelizing under-catechized, inactive, and alienated Catholics, as well as on reanimating those who have already discovered the presence of Christ in their lives. The "new evangelization" also means that those of us who already have faith in Jesus Christ allow Christ to touch the unconverted corners of our lives.

Cf. John Paul II, Post-Synodal Apostolic Exhortation *Ecclesia in America* (January 22, 1999), 6, 28, and 66: AAS 91 (1999), 737–815; Apostolic Letter *Tertio Millennio Adveniente* (November 10, 1994), 21: AAS 87 (1995), 17; Address at the Opening of the Fourth General Conference of Latin American Bishops (October 12, 1992), 17: AAS 85 (1993), 820; Encyclical *Redemptoris Missio* (December 7, 1990), 37.4: AAS 83 (1991), 249–340; Post-Synodal Exhortation *Christifideles Laici* (December 30, 1988), 34: AAS 81 (1989), 455.

PASTORAL PRIORITY

A specific plan for the "new evangelization" of all Catholics (laity, clergy, and religious) is to be established on the level of the Archdiocese and implemented in each parish.

PASTORAL STRATEGIES

On all levels (parish, deanery, pastoral region, and Archdiocese), resources are to be prioritized and allocated to promote evangelization.

A collaborative effort is to be initiated among the pastoral offices of the Archdiocese, pastoral regions, and the parishes in designing new, simple, and effective models for the "new evangelization."

On all levels, media and electronic technology—in particular, radio, television, and the Internet—are to be utilized in evangelization.

Pastoral Initiative II

Structures for Participation and Accountability

Toward greater participation in decision making and responsibility for mission. If all the baptized are to share in the Church's mission, then the structures of Church life and governance must be renewed, and some new structures established, to allow for the greatest degree of participation on the part of the greatest number of the baptized. Participation in the mission of the Church is rooted in Baptism, strengthened in Confirmation, and nurtured by regular celebration of the Eucharist. All receive gifts from the Spirit that call them to build the Church and advance the Reign of God. For effectiveness in mission, Catholics must be convinced that they are truly the Church, that they are an integral part of its mission, structure, and governance. To accomplish this, the Church must evaluate and revitalize present structures and devise new ones to provide for increased participation, collaboration, and accountability in mission and ministry. This demands greater inclusion of the enormous diversity of peoples in the Archdiocese of Los Angeles, the many language and socioeconomic groups, the range of ethnic-cultural heritages, both male and female, the spectrum of age, the multiplicity of jobs and professions, persons with disabilities of various kinds, as well as the many who are marginalized in various ways in society and Church. All are called to be attentive to this rich diversity, to encourage active participation of all in the Church according to each one's particular gifts and specific ecclesial calling, just as all are called to greater accountability.

PASTORAL PRIORITIES

The archbishop, regional bishops, and Archdiocesan leadership team are to guarantee the development of structures that provide for appropriate religious and lay participation in decision making and processes of accountability at Archdiocesan, regional, deanery, and parish levels.

Each regional bishop is to be given the authority, oversight, and resources (personnel and finances) to administer his pastoral region effectively. [Second Level Priority]

PASTORAL STRATEGIES

In view of the declining number of priests available to serve as pastors, a comprehensive study, including consultation with laity, regarding parish consolidation, clustering, the creation of new parishes, and staffing by combinations of clergy and lay ministers appropriate to each parish, is to be undertaken, and a plan developed and implemented.

A regional pastoral council is to be established in each region to address common goals, concerns, challenges, and the sharing of resources.

Pastoral Initiative III

Ongoing Education and Formation:
Adults; Young Adults; Youth

Understanding the Catholic tradition; passing it on to the next generation. All the baptized are to be "well-formed in faith, enthusiastic, capable of leadership in the Church and in society, filled with compassion and working for justice" (United States Bishops' pastoral plan for adult faith formation, *Our Hearts Were Burning within Us*, 1999, 30). In order to be more effective in the Church's mission, both now and in the decades ahead, clearer focus and more concerted effort must be given to ongoing education and formation throughout each stage of life. Christians who have come to know Jesus the Christ have always sought ways of explaining their experience of him to others and of manifesting this experience through faith-filled action. In doing so, they have endowed us with a rich tradition.

We are now challenged to appreciate this heritage, to pass it on to a new generation, and to make it vital in an ever-changing world. But only those who are first evangelized themselves, those who experience the presence and power of the Spirit of Christ, can truly grasp this tradition and then hand it on to others. What is needed in our own time and place are enthusiastic leaders who can motivate the whole Church, especially youth and young adults, to be and to build the Body of Christ in the world.

PASTORAL PRIORITY

Effective religious education and faith formation programs are to be offered throughout the Archdiocese on all levels: children, youth, young adults, and adults.

PASTORAL STRATEGIES

The plan for the ongoing education and formation of adult Catholics is to include scripture study, social justice education, opportunities for theological understanding, and personal appreciation of all the sacraments, respect for diversity, spirituality, and spiritual direction.

Within each pastoral region, a sufficient number of young adult programs are to be established on an inter-parochial basis through the mutual cooperation of parishes, including the sharing of resources and personnel, to provide for the faith formation needs of young adults.

Pastoral Initiative IV

Ministry and Leadership:
Lay; Consecrated Life; Ordained

Toward deeper commitment to witness, worship, and service.
Baptism and Confirmation give each one a share in the Church's wit-
ness, worship, and service for the good of its mission—the mission of
Christ and of the Spirit—for the transformation of the world. Through
Baptism all share in the witness, worship, and service of the
Church. The call to ministry and leadership comes specifically
from the grace of Baptism, and so there are many forms of ministry that pertain to the laity and are not restricted to clergy
and religious. Indeed, "the ministerial priesthood is at the service of the common priesthood. It is directed at the unfolding
of the baptismal grace of all Christians" (*Catechism of the Catholic
Church*, 1547).

This "baptismal grace of all" is the context within which all
types of leadership in the Church—the vitally important priestly
role of bishops and presbyters to build up and lead the Church as
visible signs of its unity, the role of deacons ordained specifically
for the service of charity, as well as the importance of the consecrated life as prophetic sign of the coming Reign of God, and
committed lay leadership—are affirmed. What is called for in
all exercises of ministry and leadership is collaboration with one
another for the building of the one Body of Christ. With well-
trained and deeply committed ordained and lay ministers and
leaders in the Church, the Word will be effectively preached
to our own faith communities, and inactive Catholics and non-
Catholics will hear the Good News proclaimed with vigor and
joy. This Word of God "is not a concept, a doctrine, or a program
subject to free interpretation, but is before all else a person with
the face and name of Jesus of Nazareth" (*Redemptoris Missio*, 18).

PASTORAL PRIORITY

On the Archdiocesan level, processes are to be established to ensure better collaboration and cooperation among the laity, religious, and clergy so that the laity can more effectively assume their baptismal responsibility in the mission of the Church.

PASTORAL STRATEGIES

A plan for the joint training of ordained and lay leaders, especially in processes of collaboration and shared decision making, is to be implemented.

A "school of ministry for laity" or its equivalent is to be established in each pastoral region to train parishioners for participation in a variety of parochial ministries.

Women are to be included on an equal basis in all aspects of Church leadership, administration, and ministry not otherwise restricted by Church doctrine.

Pastoral Initiative V

Eucharist and Sacramental Living

Becoming a holy people, rooted in prayer, living by the grace of the Eucharist and sacramental celebration. *The Church's sacramental life becomes fruitful as the whole People of God integrate the sacramental celebrations of the Paschal Mystery with their efforts to transform the world in and through God's love.* The Eucharist makes the gathered community, the assembly, what it is: We become what we receive; we receive the Body of Christ in the Eucharist to become the Body of Christ for the transformation of the world. "No Christian community can be built up unless it has its basis and center in the celebration of the most Holy Eucharist" (John Paul II, *Ecclesia de Eucharistia*, 33; cf. *Presbyterorum ordinis*, 6). We live by a transforming grace that allows us to recognize and embrace the sacredness of human life and living in its various dimensions. Our whole lives become a living expression of the Paschal Mystery—the life, passion, death, and resurrection of Jesus Christ—that we celebrate, primarily in the Eucharist.

Our participation in the Eucharist expresses our commitment to allow Jesus Christ to enter our lives, to nourish us with the Word, to sustain us with the sacrament of his Body and Blood, building us—member for member—into the Body of Christ. As the experience of the Risen Christ transformed the disciples, so our participation in the Paschal Mystery transforms us as well as the wider world. But this is only possible if we are steeped in the prayer that strengthens our commitment to a life of holiness.

PASTORAL PRIORITIES

Each parish is to give priority to the Sunday celebration of Mass as the primary occasion and opportunity for revitalizing the spiritual life of the community and, accordingly, make appropriate provision for the full, conscious, and active participation of the faithful.

As the availability of priests continues to decline within the Archdiocese, a comprehensive plan is to be developed on the Archdiocesan, regional, and parish levels for providing for the liturgical and sacramental needs of the people.

PASTORAL STRATEGIES

Archdiocesan guidelines are to be developed and implemented to guarantee opportunities for Catholics to receive communion, gather for prayer, and celebrate those sacraments and liturgical rites that can be administered in the absence of a priest.

Ordained and lay ministers are to participate in ongoing, formal liturgical and homiletic studies.

Pastoral Initiative VI

Social Justice: Living at the Service of God's Reign

Becoming a People of Communion and Justice for the life of the world. Building a world of communion and justice is a foreshadowing of, and participation in, the Reign of God. "Communion" describes our relationship with God, others, ourselves, and all creation; a relationship rooted in the equality, mutuality, and interdependence at the heart of the divine life. Authentic communion calls for a willingness to share the resources of this Archdiocese across parish, deanery, and regional boundaries. "Justice" is the activity of creating a world in which all may grow— with particular attention given to the poor, the weak, and the wounded. The Gospel reminds us that we come to a deeper knowledge of Jesus Christ through our experience of the poor and all those who are in need (Matthew 25:31–46).

Those who are evangelized, who truly know the presence of Christ in their lives, reach out to the poor, to those who are last, littlest, and least in Church and society, seeking and promoting justice. In striving for justice in society and in the Church we continue a long tradition of ministering to the disadvantaged and striving to transform unjust structures. We live out our baptismal call to service for the greater glory of God by giving witness to the grace of communion not only in the parish assembly but also in our neighborhoods, schools, town halls, and the wider political and economic order.

PASTORAL PRIORITIES

On all levels, active collaboration with civil and religious institutions to improve the quality of life in the local community is to be fostered.

A more equitable distribution of resources (finances and personnel) to assist poorer parishes and schools is to be implemented throughout the Archdiocese. [Second Level Priority]

PASTORAL STRATEGIES

Parishes are to provide a social justice ministry to raise the consciousness of parishioners by educating and informing them on various issues of social justice.

On the Archdiocesan level, salary structures are to be established that provide for a just living wage and benefits, including health, retirement, and unemployment for both part-time and full-time Church personnel.

Synod Implementation Process

The task of the Synod was not to develop a comprehensive pastoral plan for the Archdiocese of Los Angeles but to establish pastoral priorities and chart a course of action as together the People of God in this Local Church enter a new century. The pastoral priorities and strategies identified as important by the delegates of the Synod will shape the Archdiocesan Pastoral Plan now to be developed.

In order to implement the results of the Synod and direct the formation of the Archdiocesan Pastoral Plan, an Implementation Commission is to be established with the assistance and under the direction of competent personnel from the staff of the Archdiocesan Catholic Center.

Through the Synod process, the delegates were conscious of their responsibility to provide for the proper implementation of Synod priorities. In particular, they repeatedly expressed concerns about resources of funding and personnel, appropriate timelines for the accomplishment of specific strategies, and consistent and effective evaluation of progress.

Realizing that many important tasks regarding assessment, finances, oversight, and the timely implementation of the decisions of the Synod belonged not to the Synod itself, but are to be part of the post-Synodal implementation process, the delegates endorsed the following proposals:

- A post-synodal implementation process to include evaluation components, timelines, and the financial impact of all proposals approved by the Synod, and a biennial report on the implementation of Synod priorities, is to be established.
- Sufficient resources to implement the priorities of the Synod on the Regional level are to be provided by the Archdiocese.

Synod Proclamation
Archdiocese of Los Angeles

In this first year of the Third Millennium

On this 30th day of the ninth month of September

In the year of our Lord Jesus Christ, two thousand and one,

Thirty-six years after the decrees of Vatican Council II,

In the 23rd year of the pontificate of John Paul II, Bishop of Rome,

In my 16th year as Archbishop of Los Angeles,

I decree that we, the Catholic Church of Los Angeles,

Will begin preparing for our Archdiocesan Synod.

I invite everyone, clergy, religious, and laity, to prepare for this event

By listening anew to the Word of God which forms us and challenges us, By

praying for enlightenment and wisdom,

By participating through dialogue and discernment.

With Mary, Our Lady of the Angels, we pray

That through the presence and power of the Holy Spirit

We may bring forth a renewed vision of our Local Church,

Rooted in compassion, communion, and justice.

Praise and glory be to the Divine Trinity. Amen.

+ Roger Cardinal Mahony

His Eminence
Cardinal Roger Mahony
Archbishop of Los Angeles

✝

Prayer for the Synod of the Archdiocese of Los Angeles

Father of Light, Life, and Love
We praise and thank you
for gathering a people from every race, land, and language
to be the Body of Christ in our own time and place.

Washed in the waters of baptism,
summoned and sent by your Word,
strengthened and renewed by the Eucharist,
We share in Christ's mission,
becoming a living sign of reconciliation and peace.

We are called to prepare for the coming of your kingdom,
responding to the changing needs of the people
in the Archdiocese of Los Angeles,
building a world of communion and justice.

By your Spirit enlighten, enliven, and guide us
as we journey together through the Synod
to the fullness of life in Christ.

In the gift of the Spirit, be with us and grant us, we pray:

Firm faith, to walk in the light of Christ
Abundant hope, to move forward in the face of every obstacle
Love's flourishing, so that we might share
in the divine life—even now.

Amen.

Historical Synopsis
Ninth Synod of Los Angeles 2000–2003

Inception of the Synod

On Holy Thursday, 2000, Cardinal Roger Mahony, Archbishop of Los Angeles, and the priests of the Archdiocese of Los Angeles issued their joint Pastoral Letter, *As I Have Done for You.* In this letter, the first Archdiocesan Synod since 1961 was convoked. By the end of the year, the Synod Office was established and in operation under the direction of Sr. Marilyn Vollmer, SSM, and the Synod Steering Body was assembled to give guidance, direction, and assistance to Pre-Synodal planning and implementation. The Steering Body was also to be responsible for assessing the progress of Synod planning, for providing oversight and finalizing decisions, and for ensuring that Synod processes and scheduling received high priority among the many responsibilities of the Archdiocese.

By December 2000, the Synod Director had gathered a range of perceptions about the Local Church from various leaders through meetings held with Regional Bishops and their Deans, with priests at individual Deanery meetings, with the Sisters' Council and Brothers' Council, with the Lay Leadership Committee of the Pastoral Councils Office, with the Deacon Representatives and their wives, with the Executive Committee of the Priests' Council, and with Cardinal Mahony.

In March 2001, the Synod Preparatory Commission was established to provide leadership in generating the content of the Synod and in selecting the representatives for Regional Synod Assemblies and, ultimately, the delegates for the Synod itself.

Participants in the Process

Although the final number of Synod delegates would not exceed 352, wide consultation was involved throughout the process of determining the Synod agenda. Between October 2001 and June 2002 all members of the 287 parishes of the Archdiocese were invited to attend two Parish Consultations or "Speak Up Sessions." At these sessions they were invited to speak their concerns and hopes for the future of the Church in the Archdiocese of Los Angeles. A total of 657 parish consultation sessions were conducted and eleven languages were used. Over 26,000 parishioners spoke up at these sessions.

Parishioners were not the only participants in this initial stage of the Synod process. Similar consultations were also held for department heads and employees of the Archdiocesan Catholic Center, for the Major Superiors of women and men religious, for priests, for sisters, and for deacons in each Pastoral Region, for religious brothers, for students at the Major Seminary in Camarillo, for the members of the Synod Steering Body and the Synod Preparatory Commission, for participants at the annual Young Adult Conference, for college and university students at Catholic campuses and at the Catholic centers of public and private institutions, and for Catholics held in detention. A total of 59 such consultation sessions were held for these groups and involved 2,389 participants.

Between January and February 2002, parishes implemented several available methods for selecting parochial representation for the coming

Regional Synod Assemblies. A designated formula based on parochial population determined the number of representatives each parish would select. A designated number of deacons, religious, and priests were also selected to participate as representatives. The title "representatives" was chosen to designate the participants in the five Regional Assemblies conducted in the fall of 2002 and to distinguish them from the "delegates" who would participate in the Archdiocesan Synod.

SYNOD DELEGATES In addition to the other tasks accomplished at the Regional Synod Assemblies, these representatives also voted among themselves to nominate Synod delegates to represent their respective Pastoral Regions. Each Regional Bishop, working with a regional committee, selected delegates from among those nominated by the Regional Synod Assembly representatives, including a specific number of alternates from among the laity. Alternates were not chosen for religious, priests, and deacons. Additionally each Bishop named eight priests, six sisters, four deacons, and two brothers from his Pastoral Region. The Bishops met with the Cardinal to review the total list of potential delegates to determine the final list of Synod participants. Those who were selected and in turn accepted the Cardinal's personal invitation to serve as a delegate were formally commissioned at the Pre-Synodal Gathering held in April 2003 at Notre Dame High School in Sherman Oaks.

Synod delegates were composed of laity, religious, and clergy. The majority of delegates had been representatives at the Regional Synod Assemblies. However, additional delegates were identified by the Cardinal and Regional Bishops to meet canonical requirements (for example, Deans, Major Superiors, and Priests' Council members), or to ensure a broad representation that reflected each Pastoral Region and the entire Archdiocese.

COMPOSITION OF SYNOD DELEGATES

Demographic diversity was an important consideration throughout the Synodal process, and steps were taken at each stage of the process to ensure proper representation and participation. Considerations for diversity included such categories as ethnicity and culture, age, gender, socioeconomic status, educational background, and ecclesial calling. Delegates ranged in age from seventeen to eighty-plus. Fifty-seven percent (57%) of the Synod delegates were laity, twenty-five percent (25%) were priests, six percent (6%) deacons, and twelve percent (12%) religious. Fifty-eight percent (58%) were men, and forty-two percent (42%) were women. Fifty-six percent (56%) of the delegates self-identified as of European decent, twenty-nine percent (29%) Hispanic, nine percent (9%) Asian, 5.8% African American, and 0.2% Native American.

REPRESENTATION IN TERMS OF DIVERSITY

At both sessions of the Synod (May 16–17, 2003, and June 27–28, 2003), ecumenical and interfaith observers were present from a variety of faiths—Islam, Judaism, Buddhism, and Sikh— and from several Christian denominations— Episcopalian, Armenian Orthodox, Methodist,

INTERFAITH OBSERVERS

Presbyterian, and Evangelical Lutheran. Although they did not vote, as observers they participated in the discussion among themselves, with delegates, and with other observers.

Process from First Suggestion to Final Priority

The Synod Agenda — Parish Consultations, Regional Assemblies, and Synod Sessions

PARISH SPEAK UP SESSIONS: ISSUES ARE RAISED BY PARISHIONERS FROM THROUGHOUT THE ARCHDIOCESE

From the very outset of the Synod process, every Catholic in the Archdiocese was offered the opportunity to participate in formulating the Synod agenda. Parish consultations were conducted in two time periods, the first in October and November 2001. This first parish consultation focused on the question: "As we look ahead, what are the areas that are most important for the Church to be concerned about?"

DISCERNMENT DAY: ISSUES ARE CATEGORIZED AND THEMES PROPOSED

The information gathered from the first parish consultation or "Speak Up Session" was at first organized under five general themes through a process of prayer and discernment conducted in February 2002 at a "Discernment Day" held at the Claretian Center in Los Angeles. Among the participants were members of the Synod Steering Body, the Synod Preparatory Commission, and others invited for their pastoral wisdom and experience. The five identified themes were formulated as "calls" or "challenges" to the Church of Los Angeles under the headings: Call to Formation in Discipleship, Call to Holiness, Call to Leadership in the Church, Call to Stewardship, and Call to Witness to Christ in the World.

The Second Parish Consultation, held between March and June 2002, asked the question: "What should be done to address the calls and challenges identified through the First Parish Consultation?" Although not presented in the form of proposals, the results of this consultation process were gathered together into 769 specific suggestions, organized under 27 categories or topics. Forty-five (45) of the 769 suggestions were identified as "most frequently reported." These topics or suggestions became the agenda for the five Regional Synod Assemblies.

The Regional Synod Assemblies were conducted in two sessions during October and November 2002 in each of the five Pastoral Regions of the Archdiocese. In addition to nominating lay delegates to the Synod, the representatives worked with the comprehensive report generated from the Second Parish Consultation. From the content of this report they were asked to identify major themes, later to be designated as "Pastoral Initiatives," and to develop formal proposals for the Synod to consider.

From the eight (8) themes and 230 proposals generated by the five Regional Synod Assemblies, the Preparatory Commission narrowed the field to six Pastoral Initiatives and accepted all 230 proposals.

In December 2002 the Writing Commission and the Editing Committee were established to develop texts for the Synod based on the six Pastoral Initiatives and the 230 proposals that emerged from the five Regional Synod Assemblies. The

task of the Writing Commission was to develop theological statements to explain and support each of the six Pastoral Initiatives and to draft a general introduction that would place the Synod within the social, religious, and ecclesial context of the moment. The responsibility of the Editing Committee was to properly combine and edit the 230 proposals, many of which duplicated similar ideas, so that their substance and intent would be clearly and distinctly understood. In addition, within each proposal, distinctions were to be made between goals and strategies for achieving them. At the same time, the Cardinal and the Regional Bishops were asked to identify under the six Pastoral Initiatives any areas of concern important to the Archdiocese that had not been addressed by the proposals that had come from the representatives of the five Regional Synod Assemblies. The texts developed by the Writing Commission and the Editing Committee were reviewed and approved by the Synod Steering Body and the Synod Preparatory Commission prior to being distributed to the representatives who had attended the Regional Synod Assemblies.

PRE-SYNODAL GATHERING: CRITIQUE OF FIRST DRAFT IS OFFERED AND REVISIONS RECOMMENDED

In April 2003, a Pre-Synodal Gathering was held at Notre Dame High School in Sherman Oaks, attended by the representatives who had attended the five Regional Synod Assemblies. At this Pre-Synodal Gathering, the representatives were invited to review the current draft of the Synod document produced by the Writing Commission and the Editing Committee and to offer suggestions and raise questions related to the clarity and presentation of the proposals. Four hundred fifty-five (455) written suggestions were offered.

These 455 suggestions were entrusted to a new Editorial Commission, replacing the former Editing Committee, and to the Writing Commission for further revision of the draft document. Together the two Commissions' work produced the second draft of the Synod document, comprised of six (6) Pastoral Initiatives, forty-three (43) goals and ninety-seven (97) strategies. This second draft was sent to all Synod delegates in preparation for the first session of the Synod.

The Ninth Synod of Los Angeles was convened on Friday, May 16, 2003, with an Opening Liturgy celebrated by Cardinal Mahony in the new Cathedral of Our Lady of the Angels. Following a keynote address by Fr. Robert Schreiter, CPPS, professor at the Catholic Theological Union in Chicago and at the University of Nijmegen, the Synod delegates began their first table discussions of the 43 goals of the Synod document and 97 strategies enumerated in the latest draft of the Synod document. On the following day, Saturday, May 17, the delegates submitted written interventions for revision of the text and participated in a first ballot to determine whether the delegates wished to accept, not accept, or modify the individual goals and strategies as presented. Where a delegate wished to modify an individual goal or strategy, the delegate was asked to submit a written intervention stating the delegate's concern.

Four hundred fifty-eight (458) written interventions were presented to the Editorial and Writing Commissions for consideration in producing the third draft of the Synod document. Each written

intervention was carefully considered for inclusion into the revised draft according to a set of eleven criteria. The third draft was organized according to the six Pastoral Initiatives and consolidated the content into nineteen (19) goals and one hundred five (105) strategies. Goals and strategies that were already in place or in the process of implementation in the Archdiocese were eliminated from the revised draft, and those which were deemed outside the competency of the Synod were withdrawn into a separate section of the document.

SECOND SYNOD SESSION: SIX PASTORAL INITIATIVES, NINE PASTORAL PRIORITIES, AND FOURTEEN PASTORAL STRATEGIES ARE SELECTED AND APPROVED; FINAL RECOMMENDATIONS FORWARDED TO CARDINAL MAHONY

The Second Session of the Synod was conducted on June 27 and 28, 2003, in the new Cathedral Conference Center. This Session, which began Friday evening with a Prayer Service, involved individual discussion of each of the 19 goals and a process of voting to narrow the number of strategies (from 105 to 51) that would be brought forward for balloting the following day. On Saturday, June 28, the Synod Director explained the procedures for voting, including use of the electronic audience response system. This system allowed all those present at the Session to see immediately the voting results and to work rapidly toward the final selection of goals and strategies as prioritized by the Synod delegates. For passage by the delegates of the Synod, a proposal, whether it be a goal or a strategy, required 67% of the votes cast. When a procedural vote was called for, 51% of the votes cast was required for passage. At the conclusion of the Synod, six Pastoral Initiatives, nine Pastoral Priorities (formerly designated as "goals"), including two second

level Priorities, and fourteen Pastoral Strategies were formally approved by the Synod delegates and forwarded to Cardinal Mahony for his action.

Conclusion of the Synod

Upon receipt of the decisions and recommendations of the Synod, the Cardinal appointed the members of the Synod Final Documents Commission, chaired by himself. By the end of July the Commission compiled the final draft of the Synod document and formally submitted it to the Cardinal for his consideration.

SYNOD FINAL DOCUMENTS COMMISSION: SYNOD DOCUMENTS ARE FINALIZED AND SUBMITTED TO CARDINAL MAHONY

On Saturday, September 6, 2003, in the Cathedral of Our Lady of the Angels, Cardinal Roger M. Mahony ratified the work of the Ninth Synod of Los Angeles and, with his signature, promulgated the decrees and legislation of the Synod.

CARDINAL MAHONY PROMULGATES SYNOD DOCUMENTS

Synod Chronology

2000

April

Synod 2000–2003 convoked by Cardinal Mahony in
As I Have Done for You, A Pastoral Letter on Ministry

November

Synod Office Established, Sr. Marilyn Vollmer, ssm, Director

December

Steering Body established

Results of meetings with select groups within the Archdiocese
reported to the Steering Body by Synod Director

2001

January

Prayer for the Synod, composed by Dr. Michael Downey,
approved by Cardinal Mahony

Synod goals and planning guidelines approved

March

Synod Preparatory Commission established

April

Steering Body approved purchase of translation equipment to
facilitate participation of non-English-speaking delegates

June

Preparatory Commission organized into five working committees
with assigned tasks
Liturgy/Prayer: Fr. Kevin McCracken, CM/Oscar Pratt
Representation Design: Dan Schwala/Mike Lynch
Education/Formation: Jan Galla/Frank Ponnet
Reaching Out Beyond the Pews:
Paul Catipon/Liliana Hsueh-Gutiérrez
Technology Committee: Eric Stoltz/Charles Aikins

Guidelines finalized for guest listeners at Parish Consultations

September

Training sessions conducted for facilitators and scribes for the
First Parish Consultation

Letters received from the Apostolic Nuncio and the
Vatican Secretary of State acknowledging the
Archdiocesan Synod of Los Angeles

Synod Sunday (September 30) conducted in all parishes
announcing the formal inception of the Synod

October–November

First Parish Consultation conducted throughout the Archdiocese

2002

January–February

Representatives to Regional Synod Assemblies selected

February

Issues raised through the First Parish Consultation published

Discernment Day (February 23) to select the general themes of the Synod, held at the Claretian Center, Los Angeles

March

Orientation/Training for parish representatives in preparation for the Second Parish Consultation

March–June

Second Parish Consultation conducted throughout the Archdiocese

June

Mini-retreat conducted for all Archdiocesan employees, using method of the Second Parish Consultation process

October–November

Five Regional Assemblies conducted

December

Writing Commission established, chaired by Dr. Michael Downey
Editing Committee established, chaired by Fr. Albert Bahhuth and Deacon David Estrada

December 2002–January 2003

Synod Delegates selected

2003

February

Editorial Commission established,
chaired by Bishop Edward Wm. Clark

March

Process finalized for Pre-Synodal Gathering

April

Pre-Synodal Gathering (April 5) held at
Notre Dame High School, Sherman Oaks

Invitations sent to representative interfaith observers

May

Synod Session I (May 16–17) conducted at
Cathedral Conference Center

June

Synod Session II (June 27–28) conducted at
Cathedral Conference Center

July

Synod Final Document Commission established,
chaired by Cardinal Mahony

September

Synod Session III (September 6), concluding Mass, and
promulgation of Synod Documents at Cathedral

BEING AND BUILDING THE BODY OF CHRIST: THE SYNOD

February 2003

My Sisters and Brothers in the Archdiocese of Los Angeles:

No one needs to be reminded that these are difficult, painful, and challenging times for the Church of Los Angeles—and for the entire Catholic Church in the United States.

I know that some, perhaps many, of the faithful of our Archdiocese are disheartened and even angry. Unprecedented scandals regarding priests involved in sexual misconduct and abuse, seemingly unfathomable decisions on the part of Bishops and Church leaders, and a host of related issues that beg for attention and action have discouraged many of you, my sisters and brothers.

While we remain one Body in Christ, there are tensions among us that are real; there are wounds that are deep. Because of these tensions and wounds, some members of the Church of Los Angeles, no doubt, view the approaching Synod with a certain skepticism, even with cynicism. Some have judged that I have already set the agenda for the Synod and am directing both the process and its results. While this is not the truth, I nonetheless believe that I understand such attitudes and feelings.

Over the past year, all of us in the Church have been challenged to face the human condition, our human limitations, and the limitations of the Church itself. Perhaps this is the grace that has been offered amidst the unprecedented distress of the past year. We know now, perhaps more clearly than ever before, of our ability to wound rather than heal, to criticize rather than encourage, to be defensive rather than open to authentic listening and true communication, to divide rather than to unite.

With faith and in hope we have continued with our listening sessions and Regional Synod Assemblies throughout the past year. This has been a bold step on our part. Many have judged it silly and frivolous to engage in this process at a time of crisis. But we have sensed all along that these difficult, painful times are nonetheless rich with promise. Our most pressing challenge, I propose, is to actualize our God-given potential to be and to build the Body of Christ, the Church, at this particular moment in our history. It is this challenge that prompts me to write to you—the people, priests, and religious of the Archdiocese— first as your brother Christian as well as your Archbishop.

Unless we understand more clearly what it means to be equal members of the Church, to respect our common dignity as disciples of Jesus the Christ through our one Baptism, we will resist the Spirit's call to move beyond our personal concerns and personal pain in order to address the urgent challenges that confront us today. Without such understanding, without a mutual respect for our common mission as disciples of Jesus

Christ through the gift of the Spirit, the promise of a renewed and vibrant Church will lie fallow.

After considerable reflection and prayer, let me tell you what I believe is necessary for us to be more fully the one Body of Christ here and now. What I am about to say is said with an awareness of our shared love for the Church of Los Angeles and of our common commitment to the Gospel of Jesus Christ. In spite of some painful differences and real tensions we are, nonetheless, one people, a communion of faith grounded in God's abiding goodness and in the mercy revealed in Jesus Christ through the presence and power of the Holy Spirit. We are a people of enduring hope, even and especially when circumstances lead some to judge our confidence in the future to be absurd. And we are a people struggling, with God's grace, to love, even our enemies, and especially those who have betrayed us—just as Jesus did. We do not need to be reminded over and over again that our faith, hope, and love have fallen short of the mark. We know well our limitations. This realization calls us to put forth our very best efforts to be and build the Body of Christ, even if we do not manage to do so perfectly.

It is clear to me, your brother in Christ, that God's Spirit is calling us to a new spirit of mutual trust and candor if we are to move ahead into this new century, so clearly a time both of danger and of great promise—with wisdom, courage, integrity, and commitment.

Especially since the Second Vatican Council, the Church has acknowledged that the wisdom of God is to be discovered in the hearts, the lives, of ordinary faithful people, the people who are God's own: the People of God, the Body of Christ. We believe this, we teach this, but I am not sure that we have always acted on this belief. We Church leaders, for example, have not always listened carefully enough to the experience of parishioners struggling to lead lives of faith in a violent, competitive, and materialistic society; to parents struggling to raise children in a culture that trivializes the importance of education and shows little respect for human life; to youth and young adults for whom the truths of our faith raise more questions than they answer; to our own priests and religious whose pastoral experience deserves to be taken far more seriously.

Being and building the Body of Christ requires that we respect one another because of our equality rooted in the one Baptism. It demands that we take each other with utmost seriousness, that we deepen the honesty and openness of our conversations about our ongoing struggles to live the Gospel here and now. The Church itself—member for member—is to be a "holy communion." And where there is communion in Christ there should be a corresponding "holy communication." By this I mean that we need to have a profound respect, indeed reverence, for one another, to really trust each other—especially when we speak and listen, when we challenge and affirm, when we bring our insights rooted in our pastoral experience to the

various assemblies of our Local Church. Without such reverence and trust, without real openness and honesty, our Synod will be a big disappointment. Recalling that the Synod is principally an opportunity for *prayer*, *dialogue*, *discernment*, and *decision*, let us take stock of several crucial factors as we approach the vitally important synodal events in the year 2003, seeking to more effectively be and build the Body of Christ.

I. Speaking Honestly

Brothers and sisters, in our listening sessions and in our speak-up sessions you have spoken openly of your concerns and anxieties, your needs and fears, your gifts and strengths, your hopes and dreams. Through this process, you have come to a better knowledge of how other Catholics throughout the whole Archdiocese feel about the present state of our Local Church and about its future. Of course, whenever we speak from our hearts, we become vulnerable. Some will misunderstand our efforts to be faithful to the Gospel. Others will misjudge us—criticizing us for what they consider to be disloyalty to the institution of the Church. Still others will dismiss what we say because it appears to threaten their spiritual security, their sense of Church. In spite of the risks, we stand at a juncture in our history that requires both honest and humble speech, and open, respectful listening as we help chart our future together, as we begin to develop our pastoral priorities and to establish new structures of participation, accountability, and governance in our Archdiocese.

This kind of communication, we all know, requires considerable energy and demands plenty of courage. No doubt there is some disillusionment, some discouragement in our Local Church from Catholics who have tried to speak honestly and openly in the past and who believe they have not been listened to carefully or taken seriously. I urge one and all to not lose heart. I invite you to gather the courage to speak again in trust, to listen again in hope, and to have the confidence that your voice will be heard.

Here it is crucial to recognize that not all that we would like to do for the good of the Church is possible at this time. Several crucial questions have been raised, such as the admission of women to holy orders, the possibility of restoring to active ministry those priests who have married, and dispensing with the discipline of clerical celibacy. While I believe that these are important issues facing the Church today, they cannot be resolved at the level of the Local Church. However, we do have some problems and challenges that can be discussed honestly and resolved at the level of the Local Church. We need to explore the new possibilities for serving the Gospel at the local level, even as we work for constructive change at the level of the wider, universal Church.

Moreover, some of you may believe that you know what your Archbishop wants to hear and what he does not want to hear. And some of you believe that you know what your pastor wants to hear and what he does not want to hear. Wherever such convictions hold sway, only the courageous heart dares to speak.

Deference is, when all is said and done, a disservice to the health and vitality of the Church. We have had this kind of deferential mentality in many quarters of the Church for far too long. It often creates a false tranquillity and leads to an equally false sense of unity. Wherever blocks to authentic communication exist, whether in personal conversations or in Parish Assemblies or in the processes of the Archdiocesan Synod, the very life of the Church, as well as the integrity of its members, is compromised. I urge you, therefore, to speak to me, to your pastor, and to each other honestly, openly, and without fear. Anything less is simply not in keeping with our Christian dignity. And anything less will subvert the final phases of the Archdiocesan Synod.

II. Listening with the Ear of the Heart

If we take human experience seriously, we will find traces of God's presence and the very wisdom of God's Spirit in the joys and sorrows, the successes and failures of our lives. The present moment, then, is not only a time for honest and courageous speech. It is also a time for open and respectful listening. As your chief pastor and teacher, I may not always have taken your experiences of the Christian life as seriously as I should have. No doubt, some of your pastors may have failed to take your experience as disciples of Christ as seriously as they should have. Indeed, we ministers and teachers in the Church have not always taken our own pastoral experience seriously enough in responding to the growing and ever-changing needs of our people.

We may have been too quick to respond to pressing contemporary questions with well-worn, but no longer satisfactory, answers. Parishioners, too, may not have listened carefully enough to the sometimes disturbing stories of faith and doubt, of hope and disappointment that fellow parishioners and pastoral ministers have shared. Where this has been true, we beg the forgiveness of one another and count on the mercy of God who, every day, gives us an opportunity to begin again. And again.

In the next phases of the Synod process in the months ahead, a new kind of listening will be required, not merely desirable. At the heart of this listening is a profound respect for the one who speaks as well as the humble conviction that each of us can learn from one another, that each of us may be an instrument of God's Spirit. We will be creating together new structures of participation, accountability, and governance across the Archdiocese, so that we can more effectively achieve the pastoral priorities now emerging from your input in the synodal processes. The necessary testing and sifting of what we hear, through continual prayerful discernment, leading to clear and theologically sound pastoral decisions, is of critical importance. But before arriving at such decisions we must first listen respectfully and patiently to the concerns and anxieties, the hopes and dreams of our sisters and brothers in faith, with hope, through love.

III. Recognizing the Power of Our Words

Some, if not many of you, are wary of words. At times I, too, am wary of words. But words have the power to bring about change. We need, however, fresh words, holy words precisely at this time of challenge and promise. We need to hear words spoken courageously and humbly from the heart. We need to hear words that have been given shape in quiet prayer and reflection. We need to hear words that are spoken without arrogance and with a degree of modesty, with a measure of tentativeness. No one of us has the definitive answer. Our words, after all, may be off the mark or may not be in harmony with the Gospel. Words that harmonize with the language and the logic the Gospel will lift our spirits and help us give shape to a new vision for our Local Church. Together we will recognize these honest and holy words. And the assembly of God's people will say, "Amen!"

Fresh, honest, and inspired words need to fall upon open, trusting ears. As with our spoken words, our listening needs to be rooted in quiet prayer and a genuine openness to the experiences and vision of those who speak to us. Words that have been spoken over and over again may suddenly be heard as if for the first time, ringing with a truth we have long missed. If we listen from our hearts as well as with our heads, I am convinced we will come to see a new horizon, a new direction along the path God invites us to follow.

IV. Moving Forward with Courage

The final phases of the Synod will be upon us in a relatively short time. How we prepare for the Synod, spiritually and practically, is of vital importance. If we do not engage in these final phases in a spirit of *prayer, dialogue, discernment,* and *decision,* we may give in to discouragement, and the whole Local Church will suffer as a result. In embarking on the synodal processes we have undertaken a noble task worthy of our best efforts. Discouragement will only undermine the good will and faithful commitment that has been so evident in the work already accomplished in anticipation of the Synod. May our faith in Christ and our trust in the fundamental goodness of one another cast out all discouragement from our hearts.

Brothers and sisters, we have nothing to fear. Christ has promised us the wisdom and strength of the Spirit until the very end. This is the hope to which we cling. This is our firm conviction. As we speak candidly to each other and listen without prejudice to each other in the months ahead, we must invoke the Holy Spirit dwelling in the heart of each one. Without the most basic listening and speaking at the heart of prayer, what we say to each other, and hear from the mouths of one another, will divide rather than unite us.

* * *

Let us together seize this time of promise and expectation. Yes, there are great risks with the kind of openness and trust I am calling for here. But there are much greater risks in carrying on

as usual because of lack of courage, lethargy, or lack of interest. I urge you, therefore, to prayerfully reflect upon your experience as a member of the Body of Christ in this Local Church of Los Angeles. Let us together listen lovingly to our sisters and brothers, then courageously and humbly speak the truth in love for the love of Christ in his Church. Will you trust together with me— without blinking—in the presence and the power of the Spirit of Christ, the Love given to each one of us for the life of the world?

Cardinal Roger M. Mahony
Archbishop of Los Angles

Other Pastoral Priorities and Strategies Considered by the Synod

The Synod of Los Angeles engaged a process of identification, refinement, and selection, resulting in the realization of six Pastoral Initiatives, nine Pastoral Priorities (seven of first priority rank and two of second priority rank), and fourteen Pastoral Strategies of the highest importance for the entire Archdiocese of Los Angeles. This process, consistent with every stage of the Synod's development, involved prayer, dialogue, discernment, and decision.

In the final working session of the Synod, delegates were asked to narrow the selection of Pastoral Priorities and Pastoral Strategies that comprise the end result of the Synod process. The selection was made from a ballot of nineteen priorities and fifty-one strategies that had been identified and refined through all the earlier stages of the Synod proceedings.

It was the will of the delegates that the priorities and strategies that were not adopted as part of the final work of the Synod should not be lost. None were voted out, since they had reached the floor of the Synod from among hundreds of possibilities initially presented and then carefully reworked through a lengthy process of selection and refinement. Rather, from the total ballot, those of the highest importance were voted in as the final work of the Synod.

The following are the Pastoral Priorities and Pastoral Strategies that were not chosen in the final selection process. Nonetheless, they are considered to be not only a valuable reflection of the concerns of the people of the Archdiocese of Los Angeles, but also a deposit of valuable ideas worthy of future consideration by individual parishes, deaneries, and pastoral regions.

PASTORAL PRIORITY

Within the Archdiocese of Los Angeles, evangelization, including the "new evangelization," is the central focus of all Church ministry.

PASTORAL STRATEGIES

- A training program in every Pastoral Region, to aid parishes in evangelization efforts, is to be developed.

- In the development of parish evangelization programs, the celebration of Sunday Mass is to be recognized as the primary source of evangelization and catechesis for revitalizing the spiritual life of the community.

- A Regional Evangelization Committee in each Pastoral Region is to be developed to guide parishes in their evangelization efforts.

- Parishes are to educate and assist parents to undertake their primary responsibility for the religious, moral formation and training of their children, providing them with resources such as basic prayers and Gospel stories.

- In the development of parish "new evangelization" programs, all significant parish groups, such as the parish school, religious education programs, youth and young adults, are to be involved.

- Small home-based communities, including the development of "Basic Christian Communities," where faith sharing can take place, are to be developed on the parish level.

- Each parish is to establish a hospitality ministry that welcomes visitors, newcomers, the unchurched, and the marginalized.

Structures for Participation and Accountability

PASTORAL PRIORITIES

To better serve the needs of Catholics in local communities, the Archbishop is asked to initiate a process to reconfigure parishes and parish administrative structures.

Each parish is to develop, implement, and strengthen structures for participation of laity in all areas of parish life.

PASTORAL STRATEGIES

- An accountability structure for clergy in their ministerial responsibilities is to be developed and implemented.

- A well-functioning parish council, set up according to Archdiocesan Guidelines, is to be implemented in each parish.

- Parishes are to provide resources for the ongoing spiritual and theological training of their lay ministers.

- Processes are to be established on the regional level to assist parishes undergoing transitions in governance, organization, pastoring, staffing, and ministry.

- Appropriate structures are to be developed that provide for clerical, religious, and lay participation in consultation and decision making on the deanery level.

- Each parish is required to compose a mission statement and to submit a pastoral plan to be evaluated and renewed on a periodic basis according to Archdiocesan guidelines.

- An Archdiocesan Pastoral Council, representative of all pertinent Archdiocesan demographics, is to be formed.

- Each pastor or Parish Director is to include representative lay parishioners in ongoing consultation, collaboration, and shared decision-making processes that can be reviewed and assessed.

Ongoing Education and Formation

PASTORAL PRIORITIES

On the Archdiocesan level, following broad consultation, a plan for the ongoing education and formation of adult Catholics is to be developed and implemented.

An effective program for young adult ministry is to be established throughout the Archdiocese, with appropriate attention to the spiritual needs of young adults, and supported financially.

Effective programs for youth ministry are to be established with appropriate attention to the spiritual needs of youth and supported financially in each parish or parish cluster.

PASTORAL STRATEGIES

- Appropriate certification, allowing provision for demonstrated knowledge and experience, is to be required for all who teach religion in any of the institutions or programs of the Archdiocese.

- Archdiocesan, parochial, and private Catholic schools, which maintain and foster a strong Catholic identity, are to be supported and retained.

- Centers for adult education and spiritual renewal are to be identified in each Pastoral Region.

- Parish youth programs are to provide a specific outreach to youth after they have been confirmed.

- The *Rite of Christian Initiation of Adults* (RCIA) is to be implemented fully and consistently throughout the Archdiocese.

- Parishes are to provide opportunities for youth to be more fully involved in parish life.

- On the parish level, young adults are to be encouraged to become active participants in a broad spectrum of parish ministries.

- A Youth Ministry Advisory Board is to be established in each Pastoral Region.

Ministry and Leadership

PASTORAL PRIORITIES

At all levels of the Archdiocese, recognition is to be given to diversity in leadership, especially gender, ethnicity, and ecclesial vocation.

On the Archdiocesan level, the Permanent Diaconate Program is to be strengthened to meet the needs of the Local Church.

At all levels of the Archdiocese, the urgent issue of the shortage of vocations to the priesthood and consecrated life, in terms of recruitment, discernment, and formation, is to be actively addressed to meet the specific needs of the Local Church.

PASTORAL STRATEGIES

- Representatives from ethnic and cultural groups are to be included in all aspects of Church leadership, administration, and ministry.

- Through the development of deanery level vocation programs, future priests and religious are to be identified and invited.

- The number of qualified candidates accepted into the Permanent Diaconate Program is to be increased.

- The authority, roles, responsibilities, and accountability of lay ministers are to be clearly defined.

Eucharist and Sacramental Living

N.B.: Both Pastoral Priorities presented under this Pastoral Initiative were adopted by the Synod delegates.

PASTORAL STRATEGIES

- A plan is to be developed and implemented in each Pastoral Region for the distribution of priests and the scheduling of Masses to guarantee the opportunity for Catholics to participate in Sunday Mass.

- Adequate time and resources are to be budgeted by each parish for the planning and implementation of effective liturgies on the parish level.

- Local assemblies are to be provided with renewed education on the Mass in light of the Archdiocesan guidelines for effective celebration of the Eucharist.

- Based on appropriate guidelines provided by the Archdiocese, a plan is to be developed and implemented within each deanery to provide for the daily celebration of Mass and other Eucharistic services to meet the reasonable expectations of the faithful.

- A liturgy committee is to be established in each parish according to the guidelines established by the Archdiocese.

Social Justice

PASTORAL PRIORITY
Social justice efforts are to be mobilized on all levels of the Archdiocese.

PASTORAL STRATEGIES

- Each parish is to be guaranteed minimum funds for operating expenses (that is, "core amount").

- Outreach efforts to achieve established priorities of social justice are to be coordinated among the parishes of each Pastoral Region.

- Community organizing is to be recognized as an integral aspect of parish ministry.

- Parishes are to establish an outreach ministry that cares for parishioners and others with particular needs by caring for them directly or referring them to appropriate social services.

- Resources and a minimal standard for plant development, refurbishment, and maintenance are to be provided to assist poorer parishes.

ESTABLISHMENT OF NEW PARTICULAR CHURCHES

From the outset of the Synod process for the Archdiocese of Los Angeles, beginning with the first series of Parish Consultations in October and November 2001, a question of particular interest to a number of Catholics in the Santa Barbara Pastoral Region was the possible establishment of a new particular church, specifically a diocese, in the northern sector of the current Archdiocese.

This issue remained a constant topic throughout the entire Synod process and resulted in a specific proposal that was considered at the final session of the Synod, namely, "The Archbishop is asked to petition Rome to include the Santa Barbara Pastoral Region in the creation of a new diocese."

This proposal was understood to be primarily a regional concern of Catholics in the northern sector of the Archdiocese. Yet, to allow it the serious consideration it deserves, the decision was made to withdraw the proposal from Synod voting and to refer it directly to the Archbishop for his consideration and action in accord with the established canonical procedures.

The Code of Canon Law legislates with regard to particular churches in canons 368–374. Canon 368 describes various types of particular churches, canon 369 defines a diocese, and canon 373 legislates the competent authority to establish particular church: "It is within the sole competence of the supreme authority of the Church to erect particular churches."

Although the request itself is appropriate to the work of the Synod, further discussion or study of this issue remains beyond the scope and competence of both the Archdiocesan Synod and the Archbishop of Los Angeles and pertains specifically to the Holy See. The Archbishop has agreed to refer this question to those within the Holy See who have competence in this matter.

Members of Synod Bodies

Steering Body

Cardinal Roger M. Mahony
Bishop Edward Wm. Clark
Bishop Thomas J. Curry
Dr. Michael Downey

Sr. Mary Elizabeth Galt, BVM
Msgr. Bernard Leheny, VE
Sr. Cecilia Louise Moore, CSJ
Fr. Alexander Salazar
Bishop Joseph M. Sartoris

Msgr. Lloyd Torgerson
Msgr. Royale M. Vadakin, VG
Bishop Gerald Wilkerson
Bishop Gabino Zavala

Synod Ministry Team

Alicia Hernández
Sandra Herrera

Elizabeth Owens
Sr. Myra Smith, SSM

Sr. Marilyn Vollmer, SSM,
Director

Preparatory Commission

Cardinal Roger M. Mahony
Charles Akins
Fr. Albert Bahhuth
Fr. William Bonner
Yolanda Scott Brown
Elizabeth Campo
Jorenz Campo
Bishop Edward Wm. Clark
Bishop Thomas J. Curry
Deacon Allan Doane
Fr. Jarlath Dolan
Msgr. Timothy Dyer, VF
Deacon David Estrada
Veronica Gray
Msgr. Helmut A. Hefner
Liliana Hsueh-Gutiérrez

Delia Johnson
Fr. Michael E. Kennedy, SJ
Jim Lank
David Lara
Msgr. Bernard Leheny
Michael P. Lynch
Veronica Marchese
Nancy McAvoy
Fr. Kevin McCracken, CM
R-lene Mijares de Lang
Sr. Mary Milligan, RSHM
Ida Miranda
Angie Muñoz
David Muñoz
Kim-Oanh Nguyen
Deacon Matthew Van Nguyen

Connie Ochoa
Dawn Ponnet
Frank Ponnet
Oscar Pratt
Yvonne Rivera-Huitrón
Erick Rubalcava
Bishop Joseph M. Sartoris
Dan Schwala
Rt. Rev. Alexei Smith
Br. Anthony Smulders, CFMM
Eric Stoltz
Msgr. Lloyd Torgerson
Sr. Marilyn Vollmer, SSM
Bishop Gerald Wilkerson
Bishop Gabino Zavala

Editing Committee

Fr. Albert Bahhuth, Co-chair
Deacon David Estrada,
    Co-chair

Sr. Angela Hallahan, CHF
John Michael Hornales

Mary M. McCullough
Sr. Marilyn Vollmer, SSM
Carolyn Wallace

Editorial Commission

Joy Chen

Bishop Edward Wm. Clark,
    Chair

Deacon David Estrada
Sr. Angela Hallahan, CHF

Writing Commission

Bishop Thomas J. Curry
Dr. Michael Downey, Chair

Sr. Mary Milligan, RSHM

Fr. Thomas P. Rausch, SJ
Fr. Alexander Salazar

Synod Final Documents Commission

Cardinal Roger M. Mahony,
    Chair
Joy Chen

Bishop Edward Wm. Clark
Dr. Michael Downey

Claudio Ludovisi
Sr. Rose Pacatte, FSP
Sr. Edith Prendergast, RSC

Synod Final Documents Translation Committee

Ana Aguilera
Fr. Eugenio Cárdenas, MSpS

Joy Chen
Dr. Michael Downey,
    Coordinator

Fr. Luigi Zanotto, MCCJ

Synod Delegates by Region

Santa Barbara Pastoral Region

Mary Braitman
Cathy Brudnicki
Msgr. Michael Bunny, VF
Lauren M. Burns
Deacon Richard Carmody
Fr. Rizalino Carranza
Bishop Thomas J. Curry
Deacon Allan Doane
Fr. Jarlath Dolan
Sr. Barbara Dugan, CSJ
Dr. Anne Dunn, IHM
Mark Fischer
Msgr. John G. Fitzgerald, VF
Joy M. Fuller
Deacon Alfonso A. Guilin
Jo Ann Guilin
Msgr. Helmut A. Hefner
Deacon Jerry Heyer
Michael Jackman

Deborah L. Johnson
Betty Kennedy
Richard Kimmet
Peter Houston Kruse
Lucia Lahr
Fr. Alberto Ledesma
Ana Bertha López
Gretchen Lovingood
Kenneth Lovingood
Michael P. Lynch
Eric Magaña
Angela Manzo
Nancy McAvoy
Fr. Kevin McCracken, CM
Fr. Vincent Mesi, OFM
Patrick F. Molina
Angie Muñoz
David Muñoz
Msgr. Patrick J. O'Brien, VF

Fr. Daniel O'Sullivan
Nancy Pérez
Fr. Luis H. Quihuis, SJ, VF
Brandy Patrice Quinn
Héctor Reyes
Sr. Regina Robbins, SND
Jorge A. Rodríguez
Robert V. Sánchez
Fr. Lawrence Seyer
Maggie Stapp
Br. Hugo Stippler, OH
Sr. Mary E. Sullivan, CSC
Sr. Patricia Ann Thompson,
    CSC
Martha Tiscareño
Fr. Richard Vega
Stephen P. Wiley
Deacon Peter Wilson, Jr.
Fr. Vaughn Winters

San Fernando Pastoral Region

Charles Akins
Monserrat R. Allen
Fernando Baeza
Fr. Albert Bahhuth
Shari Bienlein
Elizabeth Campo
Jorenz Campo
Julio A. Chow
María Luisa Guadalupe
  Contreras
Msgr. Craig A. Cox
Ruben Cu
James Dao
Sr. María Esther Davila, sjs
Giuliana Defilippi
Timothy C. Donahoe
Fr. Austin Doran
Msgr. Stephen N. Downes
George Edgington
Fr. Jaime Miguel Fee, omi

Reneé R. Fields
Sr. Iris Flores, ocj
Spencer French
Sr. Mary Elizabeth Galt, bvm
Debbie Gordon
Michael R. Hastings
Diana Hernández
Liza Jane Jardiolin
Carla Kazimir
Fr. John H. Keese, vf
Ingrid Kelly
Jim Lank
David Lara
Lisa Lowe
Bianca C. Luciano
Deacon Dan McHugh
Fr. Robert Milbauer
Sr. Rochelle Mitchell, sss
Br. William C. Nick, csc
Daniel Nyby

Mary A. O'Donnell
Msgr. Edmond H. Renehan, vf
Celso K. Roxas
Robert David Ruiz
Parker Sándoval
Deacon Bob Seidler
Sr. Donna Shanahan, csj
Fr. Joseph P. Shea, vf
Jo Ann Smith
Fr. Norman Supancheck
Isabel Tavares
Rafael A. Vega
Fr. Arturo Velasco
José Wilfredo Villanueva
Denise Wilcox
Bishop Gerald Wilkerson
Dr. Richard Yi
Dennis H. Young
Fr. Richard Zanotti, cs
Fr. Valentine Zdilla

San Gabriel Pastoral Region

Pablo T. Bailón
Ron Baker
Sr. Catherine Marie Bazar, op
Fr. Patrick Brennan, op
Sr. Elizabeth Brown, osb
Yolanda Scott Brown
Linda Byrd
Lourdes Caracoza
Fr. Michael J. Carroll
Vincent Castillo
Joy Chen
Ron Clark
Fr. Francis R. Colborn, vf
Rosalie P. Corpuz
Annette Crowley
Deacon Jim Crowley
Sandra S. Dawson
María De Jesús García
Elizabeth Ebiner
Julius Ekeomodi
José Luis Elías
Fr. Raymond Farré, schp
Rommil Fernández
Mario Fuentes

Oscar Galang
Lani Galván
María de Jesús García
Patrick Gavit
Fr. Gabriel Gonzales, vf
Anna María Gutiérrez
E. Gus Gutiérrez
Anna Hamilton
Angela Howell
Liliana Hsueh-Gutiérrez
Ana C. Ibarra
Fr. Robert J. Juárez
Ron Kaber
Fr. Michael E. Kennedy, sj
Sr. Timothy Marie Kennedy,
  ocd
Debby Labay
Alejandro Lizardi
Ana P. López
Msgr. James J. Loughnane, vf
Sr. Pauline MacDonald, rshm
Mary M. McCullough
Msgr. Michael Meyers
R-lene Mijares de Lang
Fr. Lorenzo Miranda

Dan Moberg
Fr. Truc Nguyen
Van N. Nguyen
Mark Edward Padilla
Dawn Ponnett
Frank A. Ponnett
Msgr. Norman F. Priebe, vf
Fr. Charles J. Ramírez
Suki S. Ramos
Dale Rideau
Yvonne Rivera-Huitron
Fernando Robles
Deacon Pedro Rojas
Sr. Claudia Romero, odn
Sherri L. Saldana
Patricia Santos
Fr. Juan Silva
Deacon Oscar Valeriano, Jr.
Fr. Thomas Welbers
Michael T. Wells
Agnes Yu
Bishop Gabino Zavala
Sr. Marie Antonice Zozaya,
  ssnd

Our Lady of the Angels Pastoral Region

Maynor A. Álvarez
Fr. Pedro Amezcua, ORC
Fr. Thomas C. Anslow, CM
Arpad E. Balogh, Jr.
Br. Michael Bassemier, OH
Fr. Giovanni Bizotto, CS
Janine Bobin
Fr. William Bonner
Fr. Charles J. Chaffman
Angela Chan
Bishop Edward Wm. Clark
Katy Clark
Sr. M. Faith Clarke, SNJM
Fr. Jarlath Cunnane, VF
Dr. Michael Downey
Msgr. Timothy Dyer, VF
Joy Y. Eliseo
Lydia B. Emnace
Adriana Estrada
Deacon David Estrada
Sean Donovan Flaherty
Stacy Franklin
Gabriel García
Veronica Gray
Tanya Gutiérrez
Fr. Michael D. Gutiérrez
Saúl Edgardo Guzmán

Deacon Willard J. Hall, Sr.
Sr. Angela M. Hallahan, CHF
Dr. Dorothy Hayden-Watkins
Sr. Guadalupe Hernández, DN
Carolyn M. James
Mercedes Javier
Delia Johnson
Deacon Paulino Juárez-Ramírez
Msgr. Liam Kidney
Dr. Hak-Cheon Kim
Fr. Thomas F. King
Peter S. Kwon
Sheryl M. Lange
Kim Loan Le
Augustin Lee
Phillip Lee
Msgr. Richard Loomis
Claudio Ludovisi
Fr. Michael J. Mandala, SJ, VF
Br. James Meegan, FSC
Lucas Juan Miguel
Sr. Mary Milligan, RSHM
Ida Miranda
Phyvin Mok
Edward Nagai
Khoan Nguyen
Fr. Kevin Nolan, VF
Msgr. David O'Connell

Sr. Maryanne O'Neill, CSC
Oscar Pratt
Ryan Resurrección
Sylvia Mendivil Salazar
Fr. Alexander Salazar
Carol P. Sanborn
María Guadalupe Sánchez
Fr. Brad Schoeberle, CSP
Dan Schwala
Kelly Sellers
Br. Anthony Smulders, CFMM
Eric Stoltz
Fr. Raymond J. Tintle, OFM
LeRoy R. Titus
Msgr. Lloyd Torgerson
José Ugalde
Fr. Michael Ume
Epifania Urrutia
Msgr. Royale M. Vadakin
Antonio Vallejo
Deacon Roberto L. Vásquez
Luis Villa
Deacon Ricardo Villacorta
Carolyn Wallace
Sr. Karlynn Werth, SND
Harry L. Wiley, Jr.
Maria Zdunkiewicz

San Pedro Pastoral Region

Jim Archer
Deacon Arturo Barragan
Msgr. John F. Barry, VF
Ken Bedes
Sr. Jane Bonar, PBVM
Primy C. Carballo
Heriberto Cayetano
Sharon Cobb-Thompson
Deacon Dick Corwin
Kristine M. De Las Peñas
Robert E. Deaves
Fr. Antonio Garnica, MSC
Deacon Don L. Gath
Msgr. Henry Gómez, VF
Sr. Vickey Haran, CHF
Pat Herrera-Duran
Francis (Bud) Holecek
John Michael E. Honrales
Maria Iturri
Frances Jonte
Rosemarie E. Kelley

Fr. Richard G. Krekelberg
John J. Lee
Msgr. Bernard Leheny, VE
Msgr. Michael Lenihan
Veronica Marchese
Christopher N. Martin
Fr. Gustavo Mejia
Jonathon Meyer
Marisol Meza
Deacon Bob Miller
Patricia Miller
Michael Molina
Kim-Oanh Nguyen
Deacon Matthew Van Nguyen
Charisse Nini
James O'Connor
Connie Ochoa
Aubry Osborn
Sr. Luke Parker, SJC
Kelly Pérez
Grace M. Rinaldi

Margarita Rodríguez
María Rodríguez
Ana María Rosal
Erick Rubalcava
Charles Salfity
Msgr. Douglas W. Saunders, VF
Renette Scott
Sr. Dorothy Simpson, SNJM
Rt. Rev. Alexei Smith
Flo Stapleton
Kory Swanson
Msgr. Patrick Thompson
Fr. Marc V. Trudeau
Michelle Turman
Fr. José Arturo Uribe, CSSR
Luis R. Vázquez
Kathy Viele
Tony Viele
Herman Villoria
Mary Jo Willey
Falesau Rose Willis

Major Superiors (Synod Delegates Not Bound by Regions)

Sr. Mary Kristin Battles, SND
Fr. Andrew Bellisario, CM
Abbot Francis Benedict, OSB
Sr. Rita Callanan, IHM
Br. Stephen De la Rosa, OH
Sr. Regina Marie Gorman, OCD

Sr. Donna Hansen, SSL
Fr. Charles Hofschulte, CJ
Br. Christopher Magallanes, MC
Sr. María Elena Martínez, OSF
Fr. Nicholas Reina, SDB
Fr. Roberto Saldivar, MSPS

Sr. Barbara Schamber, SP
Sr. Anne Lanh Tran, LHC
Sr. Lucia Tu, SDSH
Fr. Tom West, OFM
Fr. Luigi Zanotto, MCCJ

Synod Implementation Ad Hoc Task Force

Mary Braitman
Yolanda Scott Brown
Deacon David Estrada
Liliana Hseu-Gutiérrez
Ana Ibarra
Msgr. Bernard Leheny
Mary McCullough

Deacon Richard Medina
Brother James Meegan, FSC
Deacon Bob Miller
Yvonne Rivera-Huitron
Jorge Rodriguez
Eric Rubalcava
Dan Schwala
Deacon Gus Sebenius

Maggie Stapp
Eric Stoltz
LeRoy Titus
Michelle Turman
Msgr. Royale M. Vadakin, VG
Rafael Vega
Dennis Young

STATEMENT OF SYNOD
INTERFAITH OBSERVERS

When you are the largest single Faith Community by far in one of the most diverse metropolitan regions in the United States, it would be tempting and indeed easy to go your own way, without any consideration for the other children of God. We are thankful, first, for the leadership of His Eminence, Cardinal Roger Mahony. Clearly and assuredly Roman Catholic in faith and practice, nevertheless he leads his archdiocese and this whole community through word and action so that we of other Christian traditions and those of other non-Christian traditions know that he and his flock minister with openness to under-standing, respect for common humanity, and partnership in practice where appropriate and possible. We are appreciative of such inclusiveness.

Second, the priests and religious and laity act similarly. We have experienced this in the Synod; we appreciated being asked to participate at the heart of a process that is so poten-tially influential to the future programs of the Catholic Church in this area. It became for us a unique form of interreligious dialogue with the Church. It was stimulating to see the delegates participate eagerly in the life of the Archdiocese and to witness their sincere desire to take an even more active part in the mission and ministry of the Church.

Third, the Christian observers strongly affirm your ministry in the name of Jesus Christ, revised for and adaptable to a new age of Catholics, whose deep faith conviction clearly indicates a desire to respond to God's Word made Flesh with intensity, conviction, coherence, and integrity. So be it.

We found that there were several elements of the content presented at the Synod with which we resonated, in particular, the role of the ordained ministry in a Church of the Baptized, an issue with which we struggle as well. Questions concerning demographics and evangelistic outreach that is not fundamentalist

are questions we, too, ask. The topics discussed constitute today's agenda for all of us, Christians of any denomination, if we want to keep the Christian Faith alive in a world of multiple relativisms.

Fourth, the Synod concept seems like a good mechanism for dialogue among all the Baptized, rather than simply the clergy or Bishops. Within many of our Christian traditions we have institutionalized the participation of the laity in decisions that affect the life of the Church on both the national and local levels.

Some of us, however, wonder about the varying degrees of relatedness between ecumenical and interfaith observers. We were all seated together at the opening Eucharist: Liturgically, is there a way to nuance how far ecumenical unity has advanced without offending non-Christian observers?

Fifth, many of us non-Christian observers were interested in the voting. For example, the Catholic delegates definitely had a different sense of priorities than most Hindus would have. For Hindus, any transformation would start from within the individual and radiate out first through one's own institutions—family, temples, and religious schools. We were struck that the delegates voted for a strong program of social justice in the community, while many poorer parishes themselves struggle to find the financial means to basically run their parishes. We found ourselves both respecting the delegates' wider sense of responsibility, while noting the interreligious difference.

Sixth, we appreciated the opportunity to have our non-Christian concerns heard and actually reflected upon by the Synod delegates. We are particularly grateful for the clarification of the term "evangelization." This was both educational and reassuring and greatly contributes to a mutual understanding of the new Catholic programs for the whole religious community of Los Angeles.

Seventh, again, we are grateful to God and to all involved, not only for the privilege of sharing in the Synod of the Archdiocese of Los Angeles, but also for the warm reception we received. We pray that God will bless its impact and influence now and for years to come.

Synod Interfaith Observers

Armenian Apostolic Church
Archbishop Vatche Hovsepian
Rev. Arschag Khatchadourian

Episcopal Church
Bishop Chester Talton
Bishop Sergio Carranza
Canon Mark Kowalewski

Evangelical Lutheran Church
Bishop Dean Nelson
Pastor Carol Nolte
Pastor William Hampton

Presbyterian Church U.S.A.
Dr. John Langfitt

United Methodist Church
Rev. Richard Cain

Buddhist Faith
Venerable Walpola Piyananda

Hindu Faith
Swami Sarvedevananda
Pravrajika Saradeshaprana
Brother Jnana

Muslim Faith
Dr. Mahmoud Abdel-Baset
Sherrel Johnson

Sikh Faith
Kirtian-Singh Khalsa
Simran Kaur Khalsa

Glossary

As I Have Done for You: a pastoral letter on ministry issued by Cardinal Roger Mahony and the priests of the Archdiocese of Los Angeles on Holy Thursday of 2000 that emphasizes the importance of ordained ministry while also affirming the significance of lay ministry rooted in the common priesthood of the baptized. The Cardinal concludes the letter by convoking the Ninth Synod of Los Angeles.

Baptismal responsibility: living in Christ through the gift of the Spirit to the glory of the Father through witness, worship, and service. Through Baptism, each member of the Church is called to active participation in the Church and in the world, building up the Church and advancing the Kingdom of God through the particular gifts and charisms given to each individual according to his or her state of life and place in the community.

Catechesis, catechetical: the name given to the totality of the Church's efforts to make disciples, to enable men and women to believe in the person and message of Jesus Christ. Furthermore, through catechesis the Christian story and tradition are transmitted with a view to maturing initial faith and inviting hearers into the fullness of the Christian life so that they may appropriate, profess, and live it. "The specific character of catechesis . . . has the twofold objective of maturing the initial faith and of educating the true disciple of Christ by means of deeper and more systematic knowledge of the person and message of the Lord Jesus Christ" (*Catechesi Tradendae,* 19).

Communion: In addition to Holy Communion, or Eucharist, the term applies to the bonds of faith, hope, and love joining believers in unity and charity throughout the world. Called into communion with one another and with their bishops, believers form the community of faith.

Consecrated life: consecration to God by a "new and special title" effected through the profession of the evangelical counsels of chastity, poverty, and obedience, usually by vow within a Religious Congregation or a Secular Institute. Other persons may also be consecrated in appropriate ecclesial forms or ceremonies of consecration.

Core amount: the minimal amount of financing assured to a parish to meet its operational needs and to fulfill its particular mission and program. The amount is to be determined by a formula approved by the Archdiocese and authorized following an established financial audit and parish evaluation.

Culture, cultural diversity: Culture refers to the web of symbols, rituals, values, and meanings in which the life of a people is rooted and around which their experience, way of living, and sense of destiny are ordered. Cultural diversity indicates the harmonious interrelationship of individuals from differing cultural backgrounds respecting, appreciating, and living in cooperation with one another.

Deanery, dean: designated group of parishes within a specific area or region of a diocese. Each deanery is headed by a Dean or Vicar Forane (VF), a priest (usually a pastor) who coordinates the cooperation of clergy and parishes within a Deanery.

Discernment: the art of prayerfully distinguishing the wisdom of the heart, wherein the Holy Spirit dwells, from other influences and forces. In mature Christian living, discernment plays an essential role in making decisions, enabling us to discover God's call (will) in concrete situations, and to live in accord with the movements of the Spirit.

Evangelization: allowing one's own heart to be seized and saturated by the Good News of Jesus Christ, responding to the call to lifelong conversion by the gift of the Spirit. Evangelization also requires reaching out to others to proclaim in word and deed the Reign of God, the intention of God for the world now and to come. Evangelization demands that the values of the Reign of God—the reign of truth, holiness, justice, love, and peace—permeate each and every culture, transforming every sphere of life.

Formation, ongoing formation: In the context of the Christian community, persons are invited into a process of developing mature faith. Informed by the Christian story and tradition and shaped by the Gospel of Jesus Christ, they are led to integrate faith and life, to

appropriate and to live Gospel values for mission. "Ongoing formation" refers to the process of continuing to explore and deepen the Christian faith through refection, sharing, prayer, study, discernment, and integration of faith and life for mission.

Governance, Church: This term refers both to the power entrusted to the pope and bishops to rule, guide, and preside over the Catholic Church, and to the exercise of authority shared by the pope and bishops with members of the clergy, religious, and laity according to their established offices and recognized charisms. The term also refers to the established structures of authority and leadership by which the Church functions.

Holiness: the fullness of life in Christ through the Spirit. In the spirit of Vatican Council II, all who are baptized are called to a life of holiness, which lies in the perfection of charity.

Lay, laity: This term refers to those members of the Church who are fully incorporated into the People of God by faith and Baptism but who are not ordained.

Lay ministry, lay ecclesial ministry: the wide range of services rendered in Christ's name by the lay faithful and properly recognized by the Church community. Lay ministry may be exercised for the good of the Church or for the wider human community. "Lay ecclesial minister" refers to professionally trained or otherwise properly prepared women and men, including vowed religious, who are in positions of service and leadership in the Church and who are called to service *in the name of the Church*. "Lay ecclesial ministry" refers to the ministries of committed persons, women and men, married or single, which are exercised in and through the Church in a stable, public, recognized, and authorized way.

Local Church: This term refers to all the members of the Roman Catholic Church gathered in communion with their bishop in each diocese throughout the world. All the local churches together make up the universal church.

Ministry: service in Christ's name arising from the gift of the Spirit and properly recognized by the Church community. In the Church there are ordained and lay ministries.

Mission: the purpose for which the Church exists and the task that the Church is called to engage. Central to its life, the mission of the Church is Christ's own mission—to announce in word and deed the coming Reign of God, the final victory of truth, holiness, justice, love, and peace.

New evangelization: a term used frequently by Pope John Paul II to describe evangelizing or re-evangelizing under-catechized, inactive, and alienated Catholics, as well as reanimating the faith and life of those who have already come to know the presence of Christ. The "new evangelization" requires those who already have faith in Jesus Christ to allow Christ to touch the unconverted corners of their lives.

Pastoral Initiatives: significant areas of pastoral concern targeted through the Synod process as the primary agenda items to be addressed at all levels of the Archdiocese. These initiatives will give direction for charting the future course of the Archdiocese and for developing a comprehensive Archdiocesan pastoral agenda. Decisions at all levels of administration and ministry within the Archdiocese are to be made in light of addressing these Pastoral Initiatives.

Pastoral Priorities: Under each of the Pastoral Initiatives targeted by the Synod, Pastoral Priorities refer to selected duties and functions identified through the Synod process to which the Archdiocese is to give principal and focused attention in developing its comprehensive pastoral agenda.

Pastoral Strategies: specific tasks identified through the Synod process that are to be accomplished in addressing the Pastoral Initiatives and realizing the Pastoral Priorities of the Archdiocese.

Pastoral Council: in accord with canons 228 and 536, a standing commission of qualified laypersons, clerics, and religious, representative of the ecclesiastical jurisdiction within which they function, gathered

to assist and counsel the pastors of the Church as experts or advisors. Pastoral councils may be established on the levels of the parish, deanery, vicariate (region), and diocese.

Pastoral Region: sometimes known as a vicariate, one of the geographical entities within a diocese, each under the leadership and guidance of a regional bishop or episcopal vicar. In the Archdiocese of Los Angeles there are five Pastoral Regions: Santa Barbara, San Pedro, San Fernando, San Gabriel, and Our Lady of the Angels.

RCIA *(Rite of Christian Initiation of Adults)*: a journey of faith and Christian experience by which those who seek to become members of the Roman Catholic Church are gradually and purposefully introduced into the full life of faith. The RCIA, one of sacramental rites restored by Vatican Council II, was promulgated in 1974.

Regional Bishop: in the Archdiocese of Los Angeles, an auxiliary bishop who guides and pastors one of the five pastoral regions under the authority of the archbishop.

Regional Pastoral Council: in the Archdiocese of Los Angeles, a standing commission of qualified laypersons, clerics, and religious, representative of the pastoral region, gathered to assist and counsel the Regional Bishop in implementing the Pastoral Initiatives, Priorities, and Strategies identified through the Synod process. A separate Council is to be established in each of the five Pastoral Regions.

Reign of God (Kingdom of God): the central message in the preaching of Jesus Christ. By preaching the Reign of God, Jesus expressed God's intention for the world now and to come, a world in which truth, holiness, justice, love, and peace will prevail.

Social justice: the activity of creating a world in which all may achieve the fullness of life intended for humankind by God. This activity cannot be relegated to the realm of the purely personal but is to affect every sphere of life, including the social, the economic, and the political. A Christian view of justice gives pride of place to those who are the last, littlest, and least in the Church and in society.

Synod, diocesan: a special gathering of selected clergy, laity, and religious of an individual diocese who are called together at a specific time and place by the diocesan bishop to offer the bishop assistance and counsel through a process of prayer, dialogue, discernment, and decision for the good of the entire diocesan community according to the norms of canons 460–468 of Church law.

Vocation: the response to the gifts of the Spirit bestowed at Baptism and Confirmation by means of which an individual is called to a particular state of life in service of the Church and the human community. The Christian vocations include the single, the married, the vowed, and the ordained.

Index